시국
선언

목 놓아 통곡하노라!

是日也放聲大哭

ⓒ 스리체어스 2016

발행일 제1판 제1쇄 2016년 11월 9일 **지은이** 민주공화국 주권자 **펴낸이** 이연대

책임편집 이연대 **편집** 허설 홍석현 **디자인** 이주미 **지원** 유지혜 **고문** 손현우

펴낸곳 주식회사 스리체어스 **주소** 서울시 종로구 자하문로 269 3층

전화 02 396 6266 **팩스** 070 8627 6266 **이메일** contact@biographymagazine.kr

홈페이지 www.biographymagazine.kr

출판등록 2014년 6월 25일 제300 2014 81호 **ISBN** 979 11 86984 06 2 03330

내가 쓰는 시국선언

_____

_____

_____

_____

_____

_____

_____

_____

_____

_____

_____

_____

_____

_____

_____

_____

_____

_____

(인)

_____

엮은이의 글

시국선언時局宣言이란 중대한 사회 위기에 우려를 표하고 긴급한 조치를 촉구하는 선언을 뜻합니다. 1960년 4·19 혁명이 일어난 직후인 4월 25일, 이승만 정권의 불법·부정 선거와 독재에 항거해 대학 교수들이 시국선언에 나섰습니다. 이튿날 이승만 대통령은 하야했고 자유당 정권은 무너졌습니다. 1986년과 87년에는 직선제 개헌을 요구하는 시국선언이 잇달아 나오면서 6·10 민주항쟁을 촉발했습니다. 이후 정치, 사회적인 문제가 불거질 때마다 대학생, 교수, 종교인 들이 시국선언을 발표했습니다.

최근 박근혜 대통령의 비선 실세로 지목된 최순실 씨가 국정 전반에 깊숙이 개입한 정황이 드러나면서 많은 사람이 대한민국 국민인 것이 부끄럽다고 말하고 있습니다. 10월 25일 박근혜 대통령이 대국민 사과를 했지만 격앙된 민심은 가라앉지 않았습니다. 서울과 수도권, 영호남, 충청, 강원, 제주 등 온 나라에서 시국선언과 집회가 쏟아지고 있습니다. 진상 규명과 책임자 처벌은 물론이고 대통령 사퇴를 요구하는 목소리도 커지고 있습니다.

2016년 초겨울 들불처럼 번진 민주공화국 주권자들의 시국선언을 한데 모았습니다. 대한민국 헌법 제1조를 다시 생각합니다.

목차

사건일지

2016년 7월 26일	• (TV조선) '청와대 안종범 수석, 문화재단 미르 500억 모금 지원' 보도
9월 3일	• '비선실세 의혹' 최순실 독일 출국
9월 20일	• (한겨레) '권력의 냄새 스멀…실세는 정윤회가 아니라 최순실' 등 시리즈 보도
9월 22일	• (박근혜 대통령) 야당 공세에 '혼란 가중' 정면 비판
9월 29일	• (투기자본감시센터) 미르재단·K스포츠재단 의혹 관련 최순실·안종범 수석 등 고발
10월 5일	• (검찰) 시민단체 고발 사건 서울중앙지검 형사8부 배당
10월 20일	• (검찰) 문화체육관광부 국장급 간부 2명 참고인 신분 소환
10월 21일	• (검찰) 정동구 K스포츠재단 초대 이사장 1차 소환, 미르재단 실무자 2명 소환
10월 22일	• (검찰) 전경련 직원 2명, 문체부 관계자 1명 소환
10월 23일	• (검찰) 김형수 미르재단 초대 이사장, 김필승 K스포츠재단 이사, 문체부 과장급 공무원 소환
	• (시민단체) '이대 입학, 학사 특혜' 최순실 모녀 등 검찰 고발
10월 24일	• (박근혜 대통령) 국회 시정연설에서 임기 내 개헌 제안
	• (JTBC) 대통령 연설문 등 문건 담긴 태블릿PC 근거로 최순실의 대통령 연설문 수정, 문건 유출 의혹 보도
	• (검찰) 태블릿PC 넘겨받아 분석 착수
10월 25일	• (박근혜 대통령) 연설문 등 문건 유출 의혹 관련 대국민 사과 "연설·홍보 등 최순실 도움 받았다"
10월 26일	• (검찰) 이승철 전경련 부회장 사무실, 미르재단·K스포츠재단, 더블루K, 최순실 자택 4곳, 차은택 자택 등 9곳 압수수색, 조 모 전 더블루K 대표 소환
	• 여야 특별검사 도입 총론 합의
10월 27일	• (세계일보) '비선실세 의혹' 최순실 독일 인터뷰 보도
	• (검찰) 최순실 국정농단 사건 특별수사본부 구성, 문체부, 창조경제추진단 등 7곳 압수수색, '최순실 최측근' 고영태 등 검찰 1차 소환 조사
10월 28일	• (검찰) 정동춘 전 K스포츠재단 이사장, 김필승 이사 등 관계자 8명 주거지 압수수색,

	• 조인근 전 연설기록비서관 기자회견 및 검찰 소환 조사
	• (최순실 측 이경재 변호사) "최 씨, 검찰이 소환하면 출석할 것"
	• (박근혜 대통령) 수석비서관 전원에게 사표 제출 지시
10월 29일	• (검찰) 안종범 정책조정수석, 정호성 비서관, 김한수 행정관
	청와대 사무실, 김종 문체부 2차관 사무실 및 자택,
	윤전추 행정관, 이영선 전 행정관, 조인근 전 비서관
	자택 압수수색
	• 청와대 압수수색 불승인 사유서 제출, 검찰 압수수색팀 복귀
	• (검찰) 이영선 전 행정관 소환, 김한수 행정관 자진 출석
	• 2박3일 조사받던 고영태, 정현식 전 K스포츠재단 사무총장 귀가
10월 30일	• '비선실세 의혹' 최순실 영국에서 귀국
	• (검찰) 청와대 2차 압수수색, 임의제출 형식으로
	박스 7개 분량 자료 확보, 고영태 2차 소환,
	'재단 기금 출연' 롯데 이석환 상무, 소진세 사장 소환,
	정동구, 정동춘 전 K스포츠재단 이사장 2차 소환,
	최순실 31일 오후 3시 피의자 신분 소환 예고
	• (박근혜 대통령) 우병우 민정수석, 3인방 등 비서진 사표 수리
10월 31일	• '비선실세 의혹' 최순실 검찰 출석
	• (검찰) 최순실 긴급 체포
	• (교육부) 최순실의 딸 정유라의 이화여대 특혜 입학 및
	학사 특혜 의혹 관련 특별감사 착수
11월 1일	• (검찰) 서울구치소로 최순실 이송, 구속영장 청구
	• 야 3당, 국정조사와 별도특검 실시 합의
11월 2일	• (박근혜 대통령) 신임 총리에 김병준 국민대 교수 지명
	• (검찰) 안종범 전 청와대 정책조정수석 긴급체포
11월 3일	• (법원) 최순실 구속영장 발부
	• (박근혜 대통령) 비서실장에 한광옥 국민대통합위원장 임명
	• (검찰) 정호성 전 부속비서관 긴급체포
11월 4일	• 대통령 지지율 5퍼센트 기록, 역대 최저치 경신
	• (박근혜 대통령) 2차 대국민 사과 "검찰 조사와 특검 수용"
	• (검찰) 안종범 전 정책조정수석 구속영장 청구
	• (새누리당) 최순실 비리의혹 대국민 사과

시국선언문

時局宣言文

일러두기
띄어쓰기 등 편집 방식은 최대한 원문을 따랐으며,
독자 편의를 위해 일부 오탈자만 편집부에서 바로잡았습니다.

2016년 10월 26일
건국대학교 총학생회

민주주의 파괴의 주범, 박근혜 정부는 당장 사퇴하라!

박근혜 대통령의 연설문을 최순실(최서원으로 개명) 씨에게 사전 보고했다는 사실을 바로 어제(24일) JTBC가 폭로했다. 이원종 대통령 비서실장이 지난 21일 국회 운영위 국정감사에서 "봉건시대에도 있을 수 없다"고 말한 지 나흘 만이다. "봉건시대에도 있을 수 없는 일"이 오늘날 벌어진 것이다! 박근혜 대통령은 오늘(25일) 대국민 사과문을 통해 친한 친분이 있는 최순실 씨에게 연설문을 미리 보여줬던 것뿐이라고 변명했다. 그러나 바로 당일 JTBC는 최순실 씨가 청와대 내부 인사 문건을 보고받았고 개입했을 정황이 있다고 폭로했고, 최순실 씨가 정부가 북한과 비밀로 접촉했던 사실에 대한 보고도 받았던 것으로 드러났다! 몇 시간도 가지 못할 거짓말을 대국민 사과문에 담는 뻔뻔함에 기가 막힐 노릇이다.

최순실 게이트는 이화여대와 최순실의 딸 정유라 특혜와도 연관되어 있다. 부정입학, 부정 출석, 문자 리포트 제출, 성적 특혜 등의 온갖 비리가 하루가 멀다 하고 추가되고 있다.

삼성은 정유라에게 세계 최고 수준의 말을 줬고, 전경련은 미르와 K스포츠재단에 각각 486억, 288억의 자금을 지원해 줬다. K스포츠재단은 정유라를 전폭적으로 지원했다. 최순실이 박근혜에게 추천한 차은택은 "문화계 황태자"라 불리며 미르 운영을 주도했다.

지금 폭로된 사실들은 빙산의 일각이다. 이 거대한 정경유착과 비리의 고리는 모두 파헤쳐져야 하고, 그에 대한 책임을 져야 한다. 그러나 조사 대상인 박근혜 정부의 검찰이 이런 조사를 제대로 할 리 만무하다. 청와대 민정수석 우병우가 이 비리 고리의 일부라는 의혹을 받고 있는데, 검찰의 조사를 보고받는다는 것이 말이 되는가!

박근혜 정부는 세월호 참사에 대한 진상 규명과 책임자 처벌은커녕 은폐와 책임 회피를 일삼아 왔다. 백남기 농민은 국가 폭력으로 317일 만에 목숨을 잃었다. 경제위기는 심화되고 노동자들과 청년들의 삶은 더 피폐해지고, 헬조선이라는 말이 유행하게 됐다. 그러나 이에 대한 아무런 책임과 반성이 없을 뿐 아니라, 부정부패를 일삼아 왔다는 것까지 폭로되고 있다. 역사적으로 많은 대학생들이 정권의 불의에 침묵하지 않았다. 우리도 이 시대의 대학생으로서 정권의 불의에 침묵하지 않겠다.

이 정부는 조사 대상으로 스스로 이 문제를 해결할 능력이 없다!

박근혜 정부는 민주주의 파괴의 주범이다. 박근혜 정부는 당장 사퇴하라!

2016년 10월 26일
경희대학교 총학생회 성명

오늘, 대한민국의 주인을 다시 묻는다.

최근 언론보도를 통해 박근혜 대통령의 국정운영 전반에 걸쳐 최순실이 직접적으로 개입했음이 폭로되었다. 그 범위는 대선후보 시절 연설문부터 청와대의 주요 인사결정, 각종 외교·경제정책, 심지어 국가안보 기밀에 이르기까지 온 국민의 예측을 뛰어넘는 수준이었다. 박근혜 대통령이 기자회견을 통해 "최순실의 도움을 받았다"며 최순실의 국정개입을 사실상 인정함에 따라, 헌정사상 초유의 이 사태는 더 이상 의혹이 아닌 실체가 되었다. 지금까지 드러난 의혹이 모두 사실로 밝혀진다면, 박근혜 정권은 국민에게 위임받은 주권을 대표자로서 올바르게 행사한 것이 아니라 최순실이라는 개인에게 그대로 넘긴 셈이 된다. 대한민국의 주권은 국민에게 있고 모든 권력은 국민으로부터 나온다는 헌법 제1조를, 그 자신이 헌법기관인 대통령이 정면으로 위배하게 되는 것이다. 분노와 경악을 넘어 국민들이 느끼는 허탈감과 상실감은 과연 어떻게 책임질 수 있을 것인가?

우리는 대한민국의 국민이자 자주경희의 대학생이다. 우리는 이미 이화여대에서 정유라가 부정하게 누려온 특혜에 분노했다. 대한민국 청소년들이 대입경쟁에 고통받을 때 정유라는 입시 유형 신설이라는 특혜를 누렸으며, 대한민국 대학생들이 학점경쟁에 고통받을 때 정유라는 엉터리 출결과 리포트에도 불구하고 학점을 인정받는 특혜를 누렸다. '능력 없으면 니네 부모를 원망해, 돈도 실력이야'라는 정유라의 한마디는 성실하고 정당하게 사는 수많은 청년들에게는 모욕과도 같았다. 그가 실력이라고 한 돈의 출처는 곧 최순실이 사유화한 권력이었음을, 최저임금으로 살아가는 수많은 노동자의 요구를 묵살하던 재벌들이 헌납한 재산이었음을, 경제난 속에서 어렵지만 당당하게 살아가는 국민들이 낸 혈세였음을 우리는 엄중히 기억할 것이다.

신흥무관학교의 민족해방운동부터 4·19혁명, 5·18광주민중항쟁, 87년 6월의 민주항쟁까지 위기의 순간에 앞장서 온 자주경희 선배들의 역사를 이어받아, 우리는 이 사태를 민주주의에 대한 중대한 위협으로 규정한다. 자주경희 총학생회는 온 국민을 우롱한 '최순실 게이트'를 엄중히 규탄하며, 최순실 국정개입 및 권력형 비리 사태에 대한 성역 없는 특검 수사와 이에 따른 엄중한 책임을 촉구한다.

2016년 10월 26일
민주주의를 사수하고자 하는 경북대 교수 88인

민주주의를 짓밟고 국정을 파탄시킨 박근혜 대통령은 하야하라!

박근혜 대통령은 집권 이후 무능력, 무책임, 불공정, 부정부패, 비리 등으로 국민의 삶을 피폐하게 만들고 민주주의를 짓밟으며 나라 전체를 극도의 혼란 상황으로 몰아가고 있다. 국가가 국민의 생명 보호를 최고의 책무로 삼고 있음에도 불구하고, 박근혜 정부는 수백 명의 어린 생명을 앗아간 세월호 사건에서 무능력의 극치를 보여주면서 책임 회피에만 급급하였다. 많은 국민의 반대에도 불구하고 역사 교과서를 국정화하고 일본군 위안부 문제를 졸속으로 타협함으로써 우리 역사에 대한 국민의 자긍심을 훼손시키고 올바른 역사 교육의 기초를 허물어 놓았다. 박근혜 정부가 내세웠던 '창조 경제'도 대통령과 사적으로 친분이 있는 사람들이 떡고물을 나누어 먹는 '연고 경제'로 전락하고 말았다. 경북대를 비롯한 국립대 총장 임용 과정에서 보여준 권력 남용과 이화여대 사태는 대학의 자율성을 훼손하고 구성원들의 자존심을 송두리째 짓밟았다. 특히, 미르재단·K스포츠재단 등과 관련된 각종 비리와 대통령 연설문·국무회의 자료 사전 유출 등의 최순실 게이트는 민주적 통치 체제의 기본을 무너뜨린, 경악을 금치 못할 국기 문란 사태이다. 이러한 비선 실세에 의한 국정농단은 봉건시대에서도 볼 수 없었던 것으로 민주공화국으로서 대한민국의 정체성마저 흔들고 있다. 이에 우리는 다음과 같이 요구한다.

이 모든 국정농단과 국기문란의 책임은 박근혜 대통령에게 있다. 국민들의 자존심에 상처를 입히고 국가를 혼란에 빠뜨린 당사자인 박근혜 대통령은 모든 책임을 지고 하야하라! 그것이 박근혜 대통령이 국가와 민족을 위해 봉사할 수 있는 마지막 길이다.

2016년 10월 26일
부산 지역 청년 학생 일동

국민은 통탄스럽다.

최근 연일 보도되는 내용은 경악을 넘어 통탄을 자아내게 한다. 국정 운영의 방향을 제시하는 대통령의 연설문이 최순실이라는 개인에 의해 사전 검열됐다. 나아가 남북 군사 기밀 등 외교 안보와 관련한 중대한 사안마저 최순실이라는 개인에게 보고됐다.

대한민국 헌법 제1조에는 다음과 같이 명시되어 있다. '대한민국의 주권은 국민에게 있고, 모든 권력은 국민으로부터 나온다.' 모든 권력의 주체인 국민은 지난 2012년 대선에서 박근혜에게 대통령의 권한을 부여했다. 그러나 2016년 오늘 권력의 주체인 국민이 부여한 권한은 국민이 선택한 적도 들어본 적도 없는 최순실에게 있다.

믿고 맡긴 권력이 빼돌려지고 개인의 사리사용을 채우기 위해 이용되고 있었다는 진실은 국민과 헌법이 유린되는 민낯을 적나라하게 드러냈고 국민들은 허탈감과 상실감에 통탄하고 있다.

청년 학생은 분노스럽다.

최순실은 땀 흘려 돈 버는 청년을 비웃듯 유령재단을 손쉽게 설립하고 단 하루 만에 기업으로부터 수백억 원을 당겼다. 최순실은 입시 지옥과 취업난에 허덕이는 학생을 비웃듯 정유라 맞춤형 입시 전형을 창조하고 교수를 압박하여 학점을 강탈했다.

우리 청년 학생은 배웠다. 대한민국이 노력하는 사람에게 보상이 돌아가는 공정하고 정의로운 사회라고 우리 청년 학생은 궁금했다. 왜 날이 갈수록 배웠던 것과 달리 반칙과 특권이 난무하는 부정한 사회가 되어 가는지. 우리 청년 학생은 알았다. 공정하고 정의로운 사회를 만들어야 할 대통령이 반칙특권세력의 꼭두각시였다는 것을!

공정하고 정의로울 것이라 배웠던 사회가 반칙특권세력 최순실의 놀이터였다는 절망적인 진실은 우리 청년 학생을 분노하게 했다.

청년 학생은 불의를 바로 잡아야 할 미래세대다.

37년 전 이곳 부산대학교에서 시작된 부마항쟁은 37년 전 오늘 유신의 심장을 관통하여 민주 사회를 앞당겼다. 역사가 증명하듯 사회의 불의를 바로잡는 행동을 선도한 것은 청년 학생들이었다. 정권의 역할 부재로 304명이 차가운 바다에 수장된 세월호 사건, 정권의 역사 인식 부재로 피해자의 가슴을 찢어놓은 '위안부' 합의, 정권의 무자비한 폭력으로 희생된 백남기 농민 그리고 비선실세의 국정농단까지. 정의를 잃어버린 지금의 사회는 다시 청년 학생의 역할을 주문하고 있다.

우리 청년 학생은 사회를 이끌어 갈 미래세대로서 초유의 불의한 사태들을 결코 묵과하지 않을 것이다. 오늘의 시국선언은 정의를 잃어버린 사회를 통탄한 심정으로 성토하는 자리다. 나아가 박근혜 정권에 대한 엄중한 경고의 자리이다.

국민은 요구한다.

정치권은 지금의 불의를 명명백백히 밝혀내고 역할을 다하라. 박근혜 대통령은 초유의 비선실세 국정농단 사태를 제대로 책임져라. 하루빨리 공정하고 정의로운 사회가 오기를 희망한다. 청년 학생들은 우리가 해야 할 역할에 책임 있게 임하겠다.

2016년 10월 26일
이화인 시국선언 참가자 일동

'대한민국, 최순실의 꿈이 이루어지는 나라입니까'

2016년 대한민국 국민인 우리는 지금 '어떤 나라'에 살고 있는가? 박근혜 대통령은 2012년 대선 당시 '내 꿈이 이루어지는 나라'라는 슬로건을 내걸었다. 최근 며칠 사이 언론 보도를 통해 비선실세 최순실이 박근혜 대통령의 연설문, 국무회의 자료 등 청와대 내부 문서를 공식 발표보다 먼저 받아 보고 수정까지 했음이 드러났다. 심지어는 보안상 기밀인 문건들도 비선실세 최순실에게 공유되고 있었음이 밝혀졌다. 박근혜 당선 이후 지난 몇 년간 우리는 '최순실의 꿈이 이루어지는 나라'에 살고 있었단 말인가? 지난 9월부터 국정감사를 통해 밝혀진 비선실세 최순실을 둘러싼 권력형 비리의 실체가 이제는 박근혜 정권의 국정농단, 국기문란으로까지 번지고 있다. 비선실세 최순실의 자녀가 이화여대에 부정입학하고, 온갖 비상식적인 학사 특혜를 받았다는 사실이 밝혀진 것은 그저 시작에 불과했다. 재벌들에게 수백억을 받고, 박근혜 정권의 특혜를 받아온 민간 재단 설립 및 운영의 배후에 최순실이 있었다. 뿐만 아니라 최순실이 청와대와 정부의 인사를 비롯한 국정에 깊숙이 개입한 정황들이 속속들이 드러나고 있다. 더욱 더 충격적인 것은 청와대 내부에서도 보안을 이유로 쉽게 공유되지 않는 박 대통령의 연설문, 국무회의 자료, 인사 자료, 후보 시절 TV토론 자료, 광고 동영상, 유세문, 당선 소감문 등을 바로 비선실세 최순실이 미리 받아 보고, 검토 및 수정했다는 사실이다.

한 나라의 대통령이 중요한 국정 문서들을 외부 사적인 관계에 있는 사람과 사전에 공유하고, 심지어는 검토까지 받았다는 사실 자체만으로도 '대통령 기록물 관리에 관한 법률' 위반이자 '공무상 비밀누설죄'에 속한다. 즉, 이번 사태는 헌정사상 최악의 국기문란·국정농단이다. 심지어 박근혜 대통령은 스스로 불법 문건 유출과 비선실세의 국정개입을 인정했다. 어떻게 이것이 민주주의 국가에서 일어날 수 있는 일이란 말인가? 대통령 비서실장은 며칠 전 비선실세의 국정 농단 의혹에 대하여 '봉건 시대에도 없었던 일이다'라고 말한 바 있다. 그러나 비선실세 최순실의 국정 농단이 사실이었다는 정황은 계속해서 드러나고 있다. 대통령 비서실장의 말대로 우리는 봉건 시대에도 없었던 일을 2016년 대한민국에서 겪고 있단 말인가? 대한민국 최고 책임자이자 헌법기관 자체인 대통령의 국정운영이 개인의 뜻, 그것도 비선실세에 따라 이루어져 왔다는 것에 국민들은 분노를 넘어 참담함을 느끼고 있다.

최순실 게이트와 박근혜 정권의 국기문란 사태는 박근혜 정권의 무능과 문제들을 총체적으로 드러냈다. 박근혜 대통령은 10월 25일 대국민 사과를 통해 '최순실이 개인적 의견이나 소감을 전달해주는 역할을 했다'며 최순실의 국정 개입을 인정하였으나 이 사안의 본질에 대해서는 일언반구도 하지 않았다. 박근혜 정권은 이번 국기문란 사태에 대해 진정성 없는 사과로 넘어갈 것이 아니라 이 사태의 엄중함을 깨우쳐야 할 것이다. 또한 대통령을 포함한 관련자들을 성역 없이 조사하여 국정농단과 국기문란, 헌정질서 유린의 현 사태의 진상을 명명백백히 밝혀야 한다.

헌법재판소에서는 대통령직을 수행하는 것이 더 이상 헌법수호의 관점에서 용납될 수 없거나 대통령이 국민의 신임을 배신하여 국정을 담당할 자격을 상실한 경우에 한해 대통령에 대한 파면 결정은 정당화된다고 밝힌 바 있다. 지금이 그러하다. 최순실 게이트의 민주주의와 헌정질서 훼손은 헌법 수호의 관점에서 결코 용납될 수 없는 일이다. 또한 박근혜 대통령은 국민의 신임을 배신하고, 비선실세인 최순실에게 국정을 넘겨 국정을 담당할 자격을 상실하였다. 박근혜 대통령은 현재의 국기문란 사태와 앞으로 밝혀질 진상에 대해 온전히 책임을 져야 하며, 대한민국 국민이 그 자격을 인정할 수 없다면 대통령 자리에서 물러나야 할 것이다.

2016년 10월 26일
최순실 게이트 해결을 바라는 서강인 일동

"그대 서강의 자랑이듯, 서강 그대의 자랑이어라"
선배님, 서강의 표어를 더 이상 더럽히지 마십시오!

모든 서강인은 사상과 정견에 상관없이 서강의 자랑입니다. 그러나 최순실 게이트를 통해 드러난 적나라한 박근혜 선배님의 비참한 현실에 모든 국민들과 서강인은 충격을 금할 길이 없었습니다. 선배님께서는 더 이상 서강의 이름을 더럽히지 마십시오.

비선실세 최순실에 의한 헌정사상 최악의 국정농단사건이 발생했습니다. JTBC의 보도에 의하면 비선실세 최순실은 박근혜 대통령의 연설문, 국무회의, 청와대 비서진 인사 문서까지 개입했습니다. 심지어 2012년 대통령 선거 직후 박근혜 대통령이 당선자 신분으로 이명박 당시 대통령과 만나기 위해 만든 독대 시나리오를 사전에 받아 봤습니다. 최순실이 대한민국의 경제, 외교, 대북 관련 국가안보 기밀까지 관여한 것입니다.

박근혜 대통령은 이에 대해 사실을 인정하고 대국민 사과를 했지만 손바닥으로 하늘을 덮는 수준의 변명이 이어졌을 뿐, 명쾌한 해명이 되지 못한 채 의혹만 불거졌습니다. 추가보도로 인해, 최순실이 대한민국 국정 전반에 개입한 정황이 드러나면서 박근혜 대통령의 사과는 단 몇 시간 만에 거짓말이 되었습니다.

최순실 게이트는 청와대와 정부의 공식적 구조를 왜곡한 국기를 흔드는 중대한 위법행위입니다. 박근혜 대통령은 대한민국 국정을 비선실세인 최순실에게 넘겨 대통령으로서 담당해야 할 자격을 상실하였습니다.

비선실세의 권력이 국정을 좌지우지하고 국기를 흔드는 현 정부는 더 이상 존재해야 할 이유가 없습니다. 박근혜 대통령은 더 이상 책임을 회피하며 국민적 불신을 자초할 것이 아니라 직접 국민 앞에 사과하고 진실을 밝혀야 합니다. 또한 진상규명의 전말이 밝혀져 국민이 대통령으로 납득할 수 없다면 대통령 자리에서 물러나야 할 것입니다.

오늘 우리 서강인들은 이날에 목 놓아 개탄을 금할 길이 없습니다. 박근혜 대통령 본인이 취임 연설해서 말씀하셨던 "나라의 국정 책임은 대통령이 지고 나라의 운명은 국민이 결정하는 것입니다." 그 말 꼭 지키시기 바랍니다.

2016년 10월 26일
한국외국어대학교 총학생회

2016, 대한민국은 민주주의 국가가 아니다.
지난 21일 국정감사에서 청와대 비서실장은 비선실세 최순실에 대한 의혹에 대해 "정상적인 사람이라면 믿을 사람이 있겠나, 봉건시대에도 있을 수 없는 일이다"라고 밝혔다. 그로부터 정확히 5일 뒤, 이 말은 거짓임이 드러났다. 비선실세 최순실이 박근혜 대통령의 연설문을 발표 전 미리 받아 보고 인사, 안보정책 등 국정운영에 개입한 정황이 속속히 드러나고 있다. 비선실세의 실체가 드러난 순간이었다.

'봉건시대에도 일어날 수 없는 일'이 2016년 대한민국에서 발생했다. 미르재단, K스포츠재단 의혹, 정유라 특혜의혹, 계속되었던 비선실세 최순실의 국정개입은 대한민국의 대통령이 누구인지 의심하게 할 정도이다. 우리들은 2012년 박근혜 당시 대통령 후보자를 대통령으로 만들었지만, 대선 이후 대한민국의 대통령은 최순실이 되었다. 2012년 대선 후보에 최순실이라는 이름은 없었지만, 그녀는 대통령이 되었다.

대한민국은 민주주의 국가이다. 대한민국 헌법에 따르면 모든 권력은 국민으로부터 나온다. 국민이 만들어준 국민으로부터 나오는 권력을 박근혜 대통령은 최순실이라는 개인에게 양도했다. 누구에게 허락받았는가? 이번 비선실세 최순실 사태는 국정농단을 넘어 민주주의에 대한 파괴행위이며 국가의 뿌리를 흔드는 행위이다. 박근혜 대통령은 헌정사상 최초로 발생한 현 국정농단 사태에 책임을 져야 할 것이다.

박근혜 대통령은 언론 보도 다음 날인 10월 25일 '대국민 사과문'을 발표했다. 박근혜 대통령은 '순수한 마음으로 한 일'이라는 말로 이번 국정농단 사태를 표현하였고 이러한 사과에 많은 국민들, 많은 외대 학생들이 분노하였다. 또한 약 2분간의 사과문 낭독 이후 질문을 받지 않고 퇴장하는 모습은 계속해서 비판받았던 박근혜 대통령의 불통을 볼 수 있는 단적인 예시였다.

링컨 미국 전 대통령은 '국민의, 국민에 의한, 국민을 위한 정부'에 대해 말했다. 많은 국민들의 환호를 받았고 아직도 많은 사람들의 귀감이 되고 있다. 하지만 현 박근혜 정부는 '최순실의, 최순실에 의한, 최순실을 위한' 정부를 향해 가고 있다. 우리들은 대한민국이 최순실의 국가가 되는 것을 막아낼 것이다.

우리들은 더 이상 민주주의가, 대한민국이 흔들리는 작태를 좌시할 수 없다.

우리 학교 학생 일동은 박근혜 정부가 야기한 이번 국정농단 사태를 강력히 규탄한다. 또한 이번 국정농단 사태에 대한 책임을 박근혜 대통령 본인이 져야 한다. 만약 이번 국정농단 사태에 대한 책임을 지지 않는다면 4·19혁명, 5·18민주화운동, 6월 항쟁의 정신을 가지고 있는 국민이 심판할 것이다.

2016년 10월 27일
KAIST 학부 총학생회

당신은 누구인가, 우리들은 무엇인가.

소리 없이 타오르는 분노를 아는가. 그것은 한없이 깊어지는 절망이자 애써 붙들린 마지막 희망이다. 오늘 우리 KAIST 학생들은 대한민국에서 그희망의 끈을 놓을 수밖에 없다. 박근혜 정권의 국정운영이 최순실에 의해철저히 조종당하여 이 땅에서 민주주의가 사라져버린 지금, 우리에게 남은 것은 절망뿐이다. 박근혜 정권에 의해 대통령 연설문, 외교문서, 심지어안보기밀까지 모두 최순실에게 지속적으로 보고되었다. 청와대 인사 역시그의 손을 거쳐 갔다. 이러한 행태는 전혀 적법하지도, 정의롭지도 못하다. 이 과정에서 국민은 철저히 배제되었고 농락당했다. 박근혜 정권의 주인은 국민이 아닌 최순실이었다. 국민이 주인 되지 않는 나라는 더 이상 민주주의 국가가 아니다.

대통령에게는 높은 위상과 함께 막강한 권력이 주어진다. 국민의 투표로 뽑힌 선출자로부터 나오는 권한과 권력은 민주적이고 투명하게, 그리고 신중히 행사되어야만 한다. 그러나 무책임하게도 박근혜 대통령은 국민으로부터 위임받은 이 모든 것을 철저히 사유화하여 최순실이라는 사인에게 넘겨버렸다. 민주주의의 가장 기본적인 원리인 국민주권의 원리가 이 나라 정권과 그 비선실세에 의해 산산조각 난 것이다. 한 사인에 불과한 최순실은대통령이 건넨 권력을 이용하여 지금까지 드러난 것만 하여도 이화여대, 전경련, 청와대 등에 그 부정한 영향력을 종횡무진 행사했다.

오늘의 문제는 진보와 보수라는 정치적 이념의 문제가 아니다. 정의와 불의의 문제이며 상식과 비상식의 문제이다. 대한민국의 민주주의와 헌정질서가 대통령에 의해, 그리고 한 사인에 의해 철저히 유린당한 이런 엄혹한 상황에도 박근혜 대통령은 진실된 사과를 하지 않았다. 박근혜 대통령은 진정성 없이 변명과 사실관계의 축소로 일관할 뿐이었다. 최소한의 양심과 책임감이 실종된 정권에게 더 이상 기대할 것은 남아 있지 않다. 헌법에 명시된 선서를 통해 헌법준수를 외치던 대통령이 헌법을 유린하는일을 자행하고 이에 대한 반성 또한 하지 않는다면, 그는 대통령으로서 자격이 없는 것이다.

진리의 전당 KAIST에서 옳음을 배워온 우리는 박근혜 대통령에게는 KAIST 명예박사로서 자격 역시 없다고 규정한다. 박근혜 대통령은 우리의 진리로의 눈을 뿌리째 뽑아갔다. 박근혜 대통령의 헌법적 가치 경시와 최순실의 국정농단 앞에 민주주의는 무참히 유린당하였다. 캄캄한 어둠 속에서 전체 학우의 정책투표를 진행했다. 97퍼센트의 찬성으로 결집한 우리 KAIST 4천 학우는 오늘 이 자리에서 소리 없이 타오르던 분노를 이제는 소리 높여 외친다. 당신은 누구인가, 우리들은 무엇인가? 그리고 현 시국을 기해 우리의 실천적 의지를 담아 선언한다.

우리는 우리의 선배들이 피땀으로 쟁취한 민주주의의 가치를 훼손하는 부정한 권력과 이를 향유하는 세력을 용납치 않을 것이며, 우리의 분노를 담아 싸워나갈 것이다.

헌법을 유린하고 국정을 농단한 박근혜는 하야하라!

국가운영을 일개 민간인에게 맡긴 헌정사상 최악의 국기문란 사건이 사실로 드러났다. '봉건시대에도 일어날 수 없는 일'이 2016년 대한민국에서 일어났다.

청와대 비서실장은 국정감사에서 비선실세는 없다며, 대통령 연설문을 고치는 것은 봉건시대에나 있을 법한 일이라고 했다. 그러나 연일 이어지는 보도를 통해 우리는 이 모두가 사실이었음을 확인했다.

누구인지도 몰랐던 최순실이 대통령의 연설문을 고치고 청와대 인사개입은 물론이거니와 국가안보와 기밀에까지 개입했다는 충격적인 사실이 만천하에 공개됐다.

그런데 한 나라의 대통령이라는 사람이 "순수한 마음으로 도움을 받았다"며 또다시 국민들을 농락했다. 이 나라의 최고 공직자인 대통령의 참모들과 여당 국회의원들은 뭘 하고 있었단 말인가?

더 이상 위법한 대통령, 부조리한 정권과는 하루도 함께할 수 없다. 대통령을 포함한 관련자들의 성역 없는 조사로 최순실의 국정농단과 국기문란, 헌정질서 유린 등 현 사태의 진상을 명명백백히 밝혀야 한다.

최순실 게이트는 국가를 흔드는 중대한 위법행위이다. 박근혜 대통령은 국가를 이끌 수 있는 능력과 양심을 갖추지 못했다는 것이 이미 확인됐다. 박근혜 대통령에게 더 이상 물러설 곳은 없다.

박근혜는 당장 하야하라.

○ 박근혜는 최순실 국정농단 책임지고 대통령직을 사퇴하라.

○ 여소야대 체제의 세 야당은 박근혜 탄핵소추안을 발의하라.

○ 이 나라의 주인인 국민들은 11월 12일 민중총궐기에 함께합시다!

2016년 10월 27일
광운대학교 총학생회

어쩌다 우리나라가 이렇게 된 것일까. 박근혜 대통령의 국정운영 전반에 걸쳐 그의 측근인 최순실 씨가 개입했음이 사실로 드러났다. 공직 직무 경험이 없는 한 개인이 대통령 연설문을 사전에 받아 보고 청와대의 주요 인사에 개입하고 청와대의 기밀문서를 입수하고 주요 정책 사안에 관여하였다는 사실만으로도 국정에 대한 국민의 신뢰는 이미 바닥까지 떨어졌다. 비선 실세의 위세 앞에 국가의 공조직은 참으로 나약하기만 하다는 현실에 우리는 허탈함을 감추지 못함과 동시에 이번 사태에 대한 확실한 진상규명을 바라고 있다.

박근혜 정부는 민주주의의 의미를 퇴색시켰다.

이번 사태를 통하여 확실해진 사실은 그동안 박근혜 정부를 이끌었던 실체는 비선 실세와 문고리 권력들이었다는 점이다. 특히 비선 실세가 한 나라 국정운영의 지도부였다는 사실이 명백하게 밝혀지면서 대한민국 헌법의 기본원리인 민주주의의 의미를 퇴색시켰고, 민주주의 국가 국민의 투표로 선출된 이번 대통령의 자리는 이제 유명무실하게 되었다. 우리는 오늘날 박근혜 정부에게 그동안 국민들이 피땀 흘려 지켜왔던 민주주의의 의미가 무엇인지 묻는다.

5천만 국민과 소통해야 하는 막중한 임무를 지고 있는 대통령이 지난 4년 동안 국민들의 목소리를 듣지 않고 오직 한 사람의 목소리만 듣고 있었다는 사실 하나만큼은 우리 모두가 알고 있고 기억할 것이다.

대통령은 사과만으로 끝내지 말고 책임을 명확히 지어라.

10월 25일 박근혜 대통령은 이번 최순실 게이트 사건을 400자가 안 되는 짧은 연설문과 100초가량의 짧은 동영상으로 무마하려 하였다. 지금 대한민국 국민들의 상식에서는 이해할 수 없는 행동이며 지금도 대한민국 곳곳에서 국민들이 진상규명의 목소리를 내며 국가에게 상식을 요구하고 있다. 박근혜 정부는 지금이라도 국민들에게 합리적으로 진상규명을 해야 하며, 여기서 나온 사실들에 대해 국민들에게 진정성 있는 사과와 관련법에 따라 그에 상응하는 책임을 마땅히 져야 한다.

대한민국 국민들이 지켜보고 움직이고 있다.

국가의 주인은 개인이 아니라 바로 국민이다. 지금 우리 국민들은 대한민국의 기초인 자유 민주주의의 의미를 퇴색시킨 대통령과 그 행정부 때문에 생겨난 사회의 폐습과 불의를 자정시키기 위해 일어서고 있다. 이 시간에도 일상생활을 살아가는 국민들이 거리로 나서 철저한 진상규명과 그에 따른 책임을 요구하기 위해 참여의 목소리를 높이고 있다.

이에 우리 광운대학교 학생 일동은 사회적 폐습과 불의를 없애기 위해 목소리를 낼 것이며, 지속적으로 이 사태를 지켜보며 지식인으로서의 자세와 의무를 다할 것이다.

2016년 10월 27일
나랏일을 걱정하는 성균관대 교수들

대통령이 권력을 사적으로 오용하고, '국기를 문란시킨 비정상'의 사태를 접하고서 우리 교수들은 이 사회의 구성원으로서 부끄러움을 금할 수 없다. 현재의 대통령은 국가를 이끌 수 있는 능력과 양심을 갖추고 있지 못하므로 탄핵이 마땅하다. 그러나 임기가 일 년여밖에 남지 않았고, 주요 현안들이 산적한 상황에서 탄핵 논쟁만이 바람직한 선택이 아닐 것이다. 이에 우리는 다음과 같이 주장한다.

대통령은 가능한 빨리 내각과 청와대 비서진을 전부 사퇴시키고 거국중립내각을 구성하여야 한다. 대통령은 개헌을 비롯한 모든 나랏일의 관리를 새 내각에 일임하여야 한다.

이것이 더 이상의 사회 혼란과 국격 추락을 방지하는 길이다. 박 대통령은 이 주장을 받아들일 때 대통령으로서 그나마 나라에 마지막으로 봉사할 수 있을 것이다.

우리 교수들은 국민의 상식을 뒤엎는 사건들을 보면서, 우리 사회가 민주 공동체로 발전하지 못한 것에 대한 책임을 통감한다. 이에 스스로 대학 안의 비민주적 관행을 불식시키고, 다음 세대들이 좋은 사회에서 살아갈 수 있도록 사회 전반의 제도를 개선하는 데 노력할 것을 다짐한다.

2016년 10월 27일
성균관대학교 총학생회

"우리는 미소로 답할 수가 없다."

초유의 국기문란 의혹이 제기되었다. 박근혜 대통령의 측근으로 알려진 최순실 씨의 국정농단 의혹이 국가적 문제로 확대되고 있다. 대통령의 연설문과 홍보물을 미리 보고받고 검토한 의혹은 시작에 불과했다. '순수한 마음으로 도움을 받았다'는 대통령의 해명과는 달리, 연일 제기되는 의혹은 국가안보·외교·인사문제까지 국정 전반의 깊숙한 개입으로 확대되고 있다. 무너진 신뢰는 다시 회복할 수 없다. 이제는 책임져야 한다.

최근 언론보도에 따르면, 2013년 박근혜 대통령이 당선인 신분으로 일본 특사단을 접견할 당시 미리 만든 시나리오가 사전에 최순실 씨에게 전달된 것으로 드러났다. 일본의 독도 언급에 대해 '미소로서 답한다'는 구체적 지시까지 담긴 민감한 외교문건이 한 개인에게 전해진 것은, 회담에 자리한 대통령이 과연 누구였는가 묻도록 한다. 추가로, 국가 기밀 자료들을 받아 보던 최순실 씨의 태블릿 PC가 원래 현직 청와대 행정관 소유의 것으로 밝혀졌다. 취임 전후로 이어진 비선실세와 정권의 연결고리가 더욱 명백해짐에 이를 강력히 규탄한다.

'최순실 게이트'가 특검을 통해 사실로 판명된다면, 이는 민주주의 존립을 위협하는 중대한 사안이다. 견의불위 무용야見義不爲 無勇也. 의를 알면서도 행하지 못함은 용기가 없기 때문이다. 우리가 배운 《논어》의 구절이다. 역사와 전통을 계승하고 시대정신을 이끌었던 민족 명문사학 성균관대학의 학생들은 더 이상 좌시할 수 없다. 우리는 과거와 현재를 통찰하고 새롭게 미래를 열어가는 세대로서 이 시대의 민주적 가치를 수호하려 한다. 연일 폭로되는 의혹에 국민들은 실망과 회의를 넘어 분노를 느끼고 있다. 박근혜 대통령의 진정성 없는 사과와 이어진 침묵에, 우리는 더 이상 미소로 답할 수 없다.

"국정운영의 책임은 대통령이 지고, 나라의 운명은 국민이 결정한다."

박근혜 대통령이 취임사에서 말했다. 이제는 대통령이 국정운영의 책임을 져야 할 때이다. 탄핵, 하야, 중립내각 등 여러 주장들로 정국이 혼탁하다. 국민 불신은 걷잡을 수 없이 커져버렸다. 결국 모든 논란의 정점에는 박근혜 대통령 본인이 있다. 70년 헌정사 대한민국의 마지막 존엄을 수호하기 위해서라도 이번 비리와 부정은 한 점 의혹 없이 명명백백히 밝혀져야 한

다. 제기된 의혹뿐만 아니라 아직 밝혀지지 않은 사안까지도 성역 없는 조
사가 이루어져야 한다. 국민에게 모든 의혹이 밝혀졌을 때 대통령은 모든
법적·정치적 책임을 져야 한다. 책임지지 않는 대통령은 국민의 대표로서
자격이 없다. 우리 민족 성균인들은 지켜볼 것이다.

2016년 10월 27일
숙명여자대학교 총학생회 비상대책위원회

2016년, 민주주의는 사라졌다.

2016년, 대한민국의 오랜 역사가 이룬 법치주의와 민주주의의 기반이 송두리째 흔들리고 있다. 과거 억압받던 일제 강점기부터 조국의 근현대를 함께해 온 최초의 민족 여성사학 숙명은 현 사태에 통탄을 금할 길이 없다. 비선 실세가 국정에 개입하여 헌정을 파괴하는 믿지 못할 현실을 묵인할 수 없어 현 정권에게 나라와 민족을 오늘의 지경에 이르게 한 책임을 묻는다. 지금 대한민국의 국정은 마비상태에 빠졌다. 역대 어느 정권에서도 아무런 지위도 권한도 없는 비선 실세가 국정에 직접적인 영향력을 행사한 적은 없다. 이는 헌법을 위반한 행위이며 명백히 국민을 기만한 것이다. 법치국가 역사상 전례가 없었으며 앞으로도 있어서는 안 될 일이다.

국민투표를 통해 권한을 위임받아 국정을 책임지는 주체는 국가의 수장임이 분명하다. 그러나 이러한 권한을 부여받지 못한 제삼자가 국가적 정책 및 외교적 사안을 결정한다는 것은 수장의 의무를 태만하고 국민의 신뢰를 저버린 것이다. 국가의 안위를 최우선시해야 할 대표자가 행정적 정보의 유출 위험성에 대한 인식이 결여되어 있다는 것은 현 정권이 위기에 직면해 있다는 것을 입증하는 것이다. 대한민국의 정치 체계를 스스로 파괴하여 자신의 통치권을 포기한 행위는 절대 묵인되어서는 안 되며 규탄받아 마땅하다.

박근혜 대통령은 이에 대한 사실을 인정하고 대국민 사과를 하였지만 이는 사전에 녹화된 영상으로 밝혀졌다. 심지어 언론의 추가보도로 인해 최순실이 대한민국 국정 전반에 개입한 정황이 드러났다. 박근혜 대통령은 진정성이 없는 사과로 사건을 은폐하기에 급급했다. 또한 국민의 분노와 모멸감에 침묵하고 책임을 회피하였다.

우리는 박근혜 정권을 타도한다. 대통령은 반드시 국정농단과 헌법 파괴 행위의 책임을 져야 한다. 정부는 성역 없는 수사와 더불어 전반적인 국정 쇄신을 도모해야 함을 명심하라. 박근혜 정부는 2012년 대선 당시 '내 꿈이 이루어지는 나라'를 슬로건으로 내세웠다. 그러나 현재 국민은 상실감과 자괴감에 빠져 악몽 속에서 헤매고 있다. 국민을 악몽에 빠뜨린 현 정권은 부끄러워하라.

우리 숙명은 구국의 소명을 다한 숙명 선배님들의 정신을 이어받아 현 사태에 맞서 우리가 지금 느낀 상실감과 분노의 동력을 잃지 않고 전진할 것이다.

2016년 10월 27일
장로회신학대학교 하나님의 선교

'최순실 게이트'가 터졌다. 우리는 박근혜가 최순실이라는 정체불명의 개인을 보호하기 위해 개헌 카드까지 꺼내 드는 모습을 보았다. 이것은 형식적으로나마 민주주의를 지향하는 대한민국이라는 국가에서, 헌법이 권력자의 사익을 위해 머리채를 잡힌 채 끌려 나온 참혹한 광경이었다. 그러나 그렇게까지 하고서도 세간에 최순실의 이름 석 자가 오르내리는 것을 막지 못하자, 박근혜는 카메라 앞으로 나와 황급히 머리를 숙이기까지 하며 이 일을 덮고자 했다.

그러나 이 땅의 수많은 이들은 안다. 최순실과 그 일가가 박근혜를 제 마음대로 주물러 왔으며, 이를 바탕으로 국가를 사익 추구의 거대한 장으로 써먹어 왔다는 것을 말이다. 최순실이 해외로 도피하기 전, 미처 치우지 못하고 남겨 둔 컴퓨터에서 쏟아져 나온 온갖 자료들이 그 사실을 명백히 폭로해 버렸다. 최순실이 대통령 연설문의 첨삭뿐 아니라 국정 전반에 걸쳐 깊숙이 관여하였으며, 외교와 안보 현안에 이르기까지 제 마음대로 주물렀다는 증거들이 쏟아져 나왔다.

세간에는 대통령을 손에 쥔 최순실이 어떻게 이를 활용하여 땅을 샀으며, 자식을 명망 있는 대학에 꽂았으며, 막대한 재산을 긁어모았는지에 대한 수많은 소문이 나돌아 다닌다. 어디서든지 이 일을 성토하는 목소리들로 들끓고, 비선 실세니 바지 대통령이니 하는 조롱 어린 표현들이 끊임없이 회자되고 있다. 이제 대한민국의 모든 사람들은, 국가 시스템이 대통령과 비선 실세라는 권력자의 사익을 위해 철저히 복무해 왔음을 알게 되었다. 청와대 선임행정관을 비롯하여, 온갖 정부 관료들이 이 일에 동원되었다. 이미 수많은 정치 권력자들과 굴지의 기업들, 종교 권력자들과 군경의 실권자들이 저 대통령, 아니 대통령을 손에 쥔 비선 실세와 결탁하여 자신의 이익을 도모해 왔으리라 짐작하는 것은 그리 어려운 일이 아니다.

그리고 저들이 국가를 사유화하여 힘을 손에 넣고, 자기들끼리 결탁하여 재물을 쌓는 동안, 이 땅 곳곳에는 곡소리와 비명이 울려 퍼졌다. 가라앉은 배에서, 물대포 아래에서, 스크린도어와 열차 사이에서, 폭력으로 얼룩진 병영에서, 수많은 사람들이 목숨을 잃었다. 그러나 그 고통과 슬픔이, 국가를 손에 쥐락펴락하며 권력 놀음에 열중한 저 권력자들에게 무슨 상관이 있는가? 그렇다면 이것은 누구를 위한 국가인가? 적어도 쓰러지고 죽어간 자들을 위한 것은 아님이 분명하다.

성서의 아합 왕은 자신의 권력으로 나봇의 포도원을 빼앗았다. 아합은 그 포도원을 갖기 위해서 위증자들을 세우고, 나봇에게 신성모독의 죄를 뒤집어씌워 죽였다. 아합에게 야훼는 말한다.

"너는 그에게 말하여 이르기를 여호와의 말씀이 네가 죽이고 또 빼앗았느냐고 하셨다 하고 또 그에게 이르기를 여호와의 말씀이 개들이 나봇의 피를 핥은 곳에서 개들이 네 피 곧 네 몸의 피도 핥으리라 하였다 하라."(열왕기상 21:19)

성서의 말씀이 박근혜에게, 최순실에게, 그리고 그들과 결탁하여 국가권력으로 사익을 추구하기에 몰두한 모든 이들에게 임하기를 빈다.

이제 우리는 최순실과 박근혜로 대표되는 권력을 끌어내리려 한다. 국가가 저들의 사사로운 이익을 위해 굴종하여 복무하는 꼴을 더 이상 두고 볼 수 없다. 또한 저들과 결탁하던 자들이 하루아침에 꼬리를 자르듯 박근혜를 잘라내고 아무 일도 없다는 듯이 권력 놀음을 향유하게 둘 수는 없다. 따라서 우리는 다음의 사항을 엄중히 요구한다.

하나, 박근혜는 대통령으로서의 직무를 이행할 모든 자격을 완전히 상실했으므로, 즉각 하야하라. 그리고 최순실과 함께 엄중히 심판을 받으라.

하나, 최순실 게이트와 관련된 모든 사항을 철저히 수사하기 위한 특검을 전면 시행하라.

하나, 이 거대하고 추잡한 권력형 비리에 연루된 모든 이들을 성역 없이 수사하고, 책임지게 하고, 처벌하라.

2016년 10월 27일
전북대학교 총학생회

오늘 대한민국의 부끄러움은 왜 우리의 몫인가.

대한민국은 지금 믿을 수 없는, 믿고 싶지 않은 일들이 일어났다.

2016년 10월 현재, 대한민국에서는 믿을 수 없는 일들이 일어나고 있다. 이른바 '최순실 게이트'라 불리는 비선실세의 존재가 국민 앞에 폭로된 것이다. 국민의 대표로서 선출된 대통령이, 국정 운영의 전반적인 사항을 결정함에 있어 일개 국민인 최순실의 도움을 받은 사실이 언론 보도를 통해 드러났다. 그 기간 또한 광범위한데, 박근혜 정권이 출범하기 전 대선 후보 연설문을 시작으로, 정권이 출범한 이후에도 최순실의 개입은 계속된 것으로 확인되었다. 연설문뿐만 아니라 외교·국가안보·정부인사 등 그 유출의 범위는 실로 어마어마하여 국가 기밀의 누수가 위험 수준에 이르렀다고 볼 수밖에 없다. 실로 대한민국 헌정사상 최악의 사태가 아닐 수 없다. 대한민국의 주권은 국민에게 있고, 모든 권력은 국민으로부터 나온다는 대한민국 헌법 제1조 2항의 근간이 송두리째 흔들렸다. 국민으로부터 나온 권력을 개인의 소유로 만들어 이용하고 있었다는 사실은 우리 대학생들로 하여금 국민과 헌법의 존재를 부정하게 만들었고, 우리는 통탄한 심정으로 허탈해하고 있다.

우리 대학생들이 살고 있는 곳은 민주공화국인가, 순실공화국인가.

우리 대학생들은 각자의 위치에서 누구보다 열심히 살아가고 있다. 그러나 최순실과 지금의 정권은 우리 대학생을 비웃기라도 하듯 대기업들로부터 수백억 원의 자금을 지원받으며 호화로운 생활을 영위하고 있다. 또한, 그의 딸 정유라는 이화여대에서 입시 특혜를 받은 것은 물론 수업과 성적에서도 특혜를 받은 것이 언론보도를 통해 드러났다. 이를 문제 삼는 지도교수를 보이지 않는 권력의 힘으로 교체하고 수준 이하의 엉터리 리포트에도 그에 맞지 않은 높은 점수가 부여되었다. 건강한 노력의 대가를 배워왔던 우리에게 지금의 대한민국은 배신감을 안겨주었다. 시간이 지날수록 정의롭고 공정한 사회가 아닌 특권과 비리가 통하는 사회를 보고 있다. 지금 이 시간에도 학자금대출을 갚으려 시간을 쪼개 땀 흘려 아르바이트를 하고 있으며, 학점관리와 진로탐구를 위해 밤낮없이 공부에 매진하고 있는 우리에게 어떤 말로 위로해줄 수 있단 말인가.

우리 전대인은 대한민국 국민으로서의 역할을 할 것이다.

'다시 살아 하늘을 보고 싶다.' - 고故 이세종 열사 추모비문(5·18민주화운동 첫 희생자. 전북대 농학과 79학번)

1980년 5월 18일 새벽, 이곳 전북대학교에서 대한민국의 민주주의를 외치며 이세종 선배님께서 산화하였다. 전국적으로 행해진 5·18민주화운동의 첫 번째 희생자이자 전북대학교의 민주화운동에 큰 영향을 주었다. 대한민국의 민주주의를 위해 앞장서신 선배님들의 역사를 이어받아 전대인의 역할을 할 것이다. 전북대학교 학생들은 이번 사태를 국기문란, 국정농단 사건으로 규정하고 비정상의 정상화를 이룰 때까지 행동할 것이다. 전북대학교 총학생회는 최순실을 비롯한 관련 인물들에 대한 성역 없는 특검수사와 책임자에 대한 엄중한 처벌, 권력형 비리를 뿌리 뽑을 수 있는 후속대책을 촉구한다.

2016년 10월 27일
제주대학교 총학생회

박근혜 대통령은 국민의 규탄 앞에 '자신의' 진심으로 응답하라.

비선실세秘線實勢. 국정농단國政壟斷.

대한민국 국민들과 미래를 바라보는 청년들은 국가의 울타리 안에서 꿈을 꾸고, 각자의 삶을 위해 노력하고 있다. 하지만 현재 국민들과 우리 청년들의 꿈을 가리고, 훼손하고 있는 가장 큰 화제는 비선실세의 주인공인 최순실과 국정농단을 방치하는 박근혜 정권에 대한 논쟁이다. 어디서부터 시작인지조차 가늠할 수 없는 소위 '게이트 열풍'은 개인의 비리 문제가 아닌 대한민국 전체가 흔들리는 초유의 사태로 번지게 되었고, 이에 대다수의 국민들은 믿기 힘든 시국 앞에서 자괴감을 느끼며 상실감에 무릎 꿇었다. 하지만 10월 27일 오늘. 제주대학교 학생들은 거기서 주저앉지 않을 것이며, 국민을 마주하지 않는 대통령의 뒤통수를 향해 시국선언을 토해내고자 한다.

드러나야 할 것은 감춰졌었다!

정유라의 이화여대 부정입학.

박근혜 정권은 노력으로 살아가는 청년들에게 성공으로 가는 가장 빠른 길이 무엇인지 보여주었다. 능력이 없으면 너희 부모를 원망하라는 누군가의 말처럼, 능력중심사회의 '능력'이 우리가 태어나기 전의 수저 싸움임을 알게 했다. 이는 단지 개인의 특례입학으로 치부될 수 없고, 같은 대학생으로서 분노를 느끼고 수치스럽다. 청년들의 피와 땀을 조롱한 것에 사과하고 부정에 대한 처벌을 요구한다.

꼬리의 꼬리를 무는 게이트.

정윤회, 진경준, 우병우, 최순실. 중앙 기지를 수호하는 성벽들이 하나씩 뚫려가듯, 감추려 했던 게이트들은 걷잡을 수 없이 커져 국민들과 우리 청년들의 일상에서 지울 수 없는 상처가 되었다. 누구의 책임인지 가리는 데 급급한 것이 아닌, 비리의 뿌리를 척결하라.

감추려 했던 것은 드러나 버렸다!

대통령 기록물 불법 유출.

행정부의 수장, 인정하긴 싫지만 국가의 수장으로 불리는 박근혜 대통령의 한마디는 대한민국을 넘어서 국제 사회에도 큰 영향을 미친다. 하지만 현실은 어떠한가. 대통령은 불법 연설문 유출을 시인했고, 지켜져야 할 비밀은 한낱 개인에 의해 처참히 드러나고 수정되었다. 비공식적인 경로로 개입을 허용했음을 인정했지만 불법에 대한 신속한 심판은 이루어지지 않았다. 이는 법치국가 대한민국의 원칙을 무시하는 처사이다.

이원종 비서실장의 국정감사 위증.

10월 21일 국정감사에서 이원종 비서실장의 발언처럼 봉건시대에도 있을 수 없는 이야기가 현실이 되었고, 보좌 체계를 갖췄다는 청와대는 비서실장도 모르는 불법 문건 유출이 자행되었다. 실정을 파악하지 못하는 비서실장이 포함된 보좌 체계는 언제 완비되었으며, 최순실에 의한 개인적인 개입을 언제부터 중단하였다는 말인가. 이에 대한 진상규명을 실시하라.

박근혜 대통령의 연설문에 수없이 등장하는 한 문장. '존경하는 국민 여러분' 존경받아 마땅한 국민이자, 대한민국의 미래를 수호하는 청년들이여 고개를 들라.

이러한 시국에서 우리 청년들은 대한민국 국민이기를 포기하지 않을 것이다. 또한, 비선실세를 인정하고 국정농단을 방치했던 박근혜 대통령의 퇴진과 국정개혁 요구를 포기하지 않을 것이다.

2016년 10월 27일. 대한민국 최남단의 제주에서 대한민국 중앙을 향해 소리친다.

비선실세, 국정농단, 국기문란. 수많은 청년들이 눈과 입에 담을 것이라 생각지도 못했던 끝없는 사실과 논란들에 대한 진실을 규명하라! 박근혜 대통령은 누군가에 의한 것이 아닌, 본인의 진심으로 국민들에게 응답하라! 국정쇄신과 자신의 인적쇄신에 앞장서고 잘못과 책임에 당당하지 못한다면 자진 사퇴하라!

2016년 10월 27일
조선대학교 총학생회

대한민국 대통령은 누구인가?

2014년 12월 박관천 전前 경정의 "우리나라 권력 서열이 어떻게 되는 줄 아느냐? 최순실 씨가 1위, 정윤회 씨가 2위이며 박근혜 대통령은 3위에 불과하다"라는 발언이 이번 사태를 통해 진실로 밝혀졌다.

최순실이라는 개인이 국가수반인 대통령의 연설문, 극비 보안의 남북 관계, 정부 부처의 각종 문서, 인사마저 개입해 국정을 농단해 왔다. 또한 미르재단, K스포츠재단의 설립 및 운영 과정은 상식에 어긋났으며, 최순실의 자녀가 이화여대에 부정입학을 하고 비정상적인 학사 특혜를 받았다는 사실이 밝혀져 충격을 주고 있다.

박근혜 대통령은 최순실 게이트에 대해 부정적 여론이 확산되자 국민의 분노를 잠재우기 위해 10월 25일 대국민 사과를 했다. 그러나 녹화 방송으로 진행된 1분 40초가량의 대국민 사과는 진정성이 보이지 않았고, 국정 농단을 개인적인 일로 치부한 태도는 오히려 더 논란을 키웠다.

조선대학교 총학생회는 대한민국 국민으로서 기본적인 질문을 하고자 한다. 대체 대한민국의 대통령은 누구인가? 국민들의 투표로 선출된 박근혜 대통령인가? 국정을 농락한 비선실세 최순실인가?

비선실세의 권력이 한 나라의 대통령을 좌지우지하는 것, 이를 묵인한 박근혜 대통령을 비롯한 청와대 비서실과 주요 인사들에 대한 검찰의 성역 없는 수사와 엄중한 처벌을 촉구한다.

박근혜 대통령이 스스로 국기문란행위를 자행하고 책임을 회피하는 것은 국정의 총책임자로서 부끄러운 일이다. 또한 과거 '정윤회 비선실세 문서 유출 논란' 때 "국가 문란 행위"라 하며, "지위고하를 막론하고 책임을 묻겠다"라고 했다. 본인이 한 발언에 책임감을 가지고 이런 사태를 만든 것에 대한 책임을 어떻게 질 것인지 결단을 내려야 할 것이다. 더 이상 국민들을 부끄럽지 않게 만드는 대통령이 되어야 한다.

조선대학교 총학생회는 박근혜 대통령이 현 사태의 심각성을 모르고 책임지지 않으려 한다면 결코 이 사태를 그냥 보고만 있지 않을 것이다. 스스로 결정하지 못하고 책임지지 못하는 대통령은 더 이상 국민들의 마음속에 남아 있을 수 없다는 것을 명심하여야 할 것이다.

대한민국의 대통령은 최순실인가, 박근혜인가?

지난 25일 저녁 소문만 무성하던 대통령 비선실세 최순실의 정체가 드러났다. 대통령의 연설문을 수정하고, 각종 국정운영과 청와대 인사에 개입한 정황들이 언론보도를 통해 속속 드러나고 있다. 우리 국민들이 박근혜 대통령에게 양도한 대한민국의 권력이 어처구니없게도 그의 비선실세 최순실에게 양도된 것이다.

이튿날, 최순실의 국기문란에 대한 논란이 확산되자 대통령은 친히 청와대 춘추관을 급히 방문하여 95초짜리의 지극히도 형식적인 '대국민 사과'를 통해 "좀 더 꼼꼼하게 챙겨보고자 하는 순수한 마음으로 한 일"이라고 밝혔다. 그게 끝이었다. 조금이나마 현 사태에 대한 대응책을 내놓지 않을까 하는 국민들의 기대는 또다시 헌신짝처럼 버려졌다. 순수한 마음이었다는 그의 말처럼 작금의 상황들이 정말 순수한 마음으로 한 일인지는 모르겠으나, 제 스스로 연설문도 쓰지 못하고, 국정에 관해 스스로 판단하지도 못하는 사람이 어떻게 한 나라의 지도자가 될 수 있단 말인가?

우리는 이 전대미문의 국기문란 사건을 처음부터 끝까지 명명백백히 밝힐 것을 촉구한다. 특검을 포함한 모든 수단을 동원하여 비선실세 최순실과 연관된 모든 관련자들을 엄중 처벌해야만 하며, 박근혜 대통령 또한 사태가 오늘에 이르게 된 책임을 지고 마땅히 자리에서 물러나야 한다.

우리 한남대의 역사학도들은 지난날 청년 선배들이 4·19혁명과 5·18민주화운동, 6월 민주항쟁으로 쟁취한 피땀 서린 민주주의가 무너진 오늘의 현실에 개탄을 금치 못하며 이 땅의 민주주의가 회복될 때까지 끝까지 함께 싸울 것을 다짐한다.

2016년 10월 27일
한양대학교 총학생회

민주주의 근간 흔드는 '최순실 게이트' 규탄한다!

대한민국은 개인의 놀이터로 전락하였는가?

오늘 우리는 대한민국 국민의 이름으로, 대한민국 전체를 이름도 모르는 개인의 이익추구를 위해 이용했다는 의혹의 규명을 요구한다. 정부, 국회, 언론, 기업, 대학 모두에 걸쳐 있던 '비선실세 최순실'의 개입 정황은 언론의 보도에 의해 마침내 그 실체를 드러냈다. 국가기밀인 대통령 연설문을 사전에 받아 멋대로 고치고, 미르·K스포츠 등 유령재단을 통해 굴지의 재벌 대기업에게 거액을 요구하여 모녀의 주머니를 채웠다는 의혹은 국민의 상식은 물론 상상마저 뛰어넘었다. 대통령이 기자회견을 통해 "일부 연설문 등에서 최순실에게 도움을 받고 의견을 들었다"고 인정했지만, 이것만으로도 이미 대통령기록물 유출의 혐의를 적용할 수 있는 사안이다. 무엇보다도 국민이 선출한 대통령의 통치행위가 일개 개인의 의사에 따라 좌지우지되었다는 사실에 국민들은 허탈함을 넘어 참담한 심정을 금할 길이 없다.

"돈도 실력이야, 너희 부모를 원망해."

금수저 권력의 특권과 반칙은 어디까지인가?

오늘 우리는 대한민국 대학생의 이름으로, 정유라 특혜 의혹에 대한 규명을 요구한다. 자신의 노력으로 대학에 들어가고 매일 아침 지옥철을 뚫고 통학하며, 밤새 과제와 시험공부에 시달리며 정당하게 평가받는 평범한 대학생들에게는 '비선실세의 딸' 정유라가 받아온 온갖 특혜 의혹은 도저히 용납할 수 없는 사안이다. 개인의 부정한 입학과 학점 보장을 위해 대학본부와 교수, 교육부까지 동원해 왔다는 정황은 도대체 우리가 발 딛은 대학에 양심이란 어디에 있는가를 되묻게 만든다. '돈도 실력이기에 너희 부모님을 원망'하라는 비선실세 딸의 질문에 우리는 대답한다. "우리의 양심이 우리의 실력이며, 우리의 원망과 비판은 부모님이 아닌 반칙을 일삼는 이들을 향할 것이다!"

'애국한양'의 정신으로 이 정권에 요구한다.

오늘 우리는 애국한양의 이름으로, 이 사회의 민주주의와 정의를 위해 피흘려 싸워 온 선배들의 이름으로 박근혜 정권에 촉구한다. 이미 대통령이 기자회견을 통해 최순실과의 관계를 사실로 인정한 이상, 지금까지 드러난 국정개입과 권력형 비리, 정유라 특혜 의혹 등을 포함해 아직도 밝혀지지 않은 의혹을 특검을 통해 명명백백히 밝혀야 한다. 지위고하를 가리지 않은 수사를 실시하고, 당연히 결과에 따른 법적, 정치적 책임을 물어야 할 것이다. 우리는 대한민국의 국민으로서, 대학생으로서, 애국한양의 일원으로서 민주주의의 회복에 역사적 소임을 다할 것이다.

2016년 10월 28일
감리교시국대책위원회

박근혜 대통령은 사퇴하고, 최순실은 법의 정당한 심판을 받아라!

"나 주 하나님이 말한다. 너희 이스라엘의 통치자들아, 이제는 그만 하여라. 폭행과 탄압을 그치고, 공평과 공의를 실행하여라. 내 백성 착취하는 일을 멈추어라. 나 주 하나님의 말이다."(에스겔 45:9)

최순실!

어느 날 갑자기 등장한 한 사람이 대한민국을 깊은 수렁으로 빠뜨렸다. 국내총생산 세계 11위, 2016년 리우올림픽 8위, 지난 10년간 가장 경제성장률이 높은 나라, IT강국, 한강의 기적, 민주화를 이룬 대한민국의 자긍심이 땅바닥에 떨어져 짓밟혔다. 영화에서나 나올 법한 이야기들이 현실에서 벌어졌고 설마설마하던 일들이 사실로 밝혀지고 있다. 국민이 선출한 것도 아니고, 국가에 의해 임명된 것도 아니며, 하다못해 하급 공무원조차 아닌 일개 개인이 대한민국의 국정에 개입하였다. 아니, 개입 정도가 아니라 마음대로 주물렀다. 국정만이 아니다. 경제계, 체육계, 문화계까지 끝도 없이 부정과 비리가 밝혀지고 있다. 여당의 전 대표조차 '이게 나라냐?'고 혀를 차는 지경이 됐다. 참담하다.

이 모든 참사는 물론 최순실로부터 비롯됐다. 대통령과의 개인적인 친분을 이용해 국가의 정책과 인사에 개입하고 마치 자기가 대통령이라도 된 듯 권력을 휘두른 것은 결코 용서할 수 없다. 문고리 3인방으로 불리는 청와대 비서관은 말할 것도 없고 대통령 주위의 모든 공직자와 중요 부처에 자기 사람으로 채워 놓고 국가기밀을 포함한 정보를 보고받아 왔으니 이는 명명백백한 실정법 위반이다. 반드시 최순실을 법의 심판대 앞에 세워 그 죄과를 물어야 한다.

그러나 근본적인 책임은 박근혜 대통령에게 있다. 대통령은 국민의 선거를 통해 주권을 위임받은 대한민국 헌법상 최고 공직자이자 행정부의 수반으로, 정부 각 조직을 통해 민의를 반영하여 국정을 운영하는 통치권자이다. 그러나 박근혜 대통령은 국민과의 소통을 포기하고 국정운영의 틀을 사조직화하였으며 대통령의 연설문, 공식적 발언, 주요 정책, 핵심 요직의 인사, 심지어는 국가 중대사인 안보, 외교까지 일개 개인인 최순실에게 보고하고 국정운영을 아예 맡겨버렸다. 명백한 권력사유화와 국기문란 행위다. 국민들은 대통령 박근혜를 선택한 것이지 최순실에게 놀아나는 허수아비 꼭두각시 박근혜를 선택한 것이 아니다. 박 대통령의 안중에 국민은 없고 오직 최순실만 있고 오직 그의 말만 추종하였다. 오늘의 국정참사는 박근혜 대통령이 대통령으로서의 기본적인 자질이 없으며 국민주권 위임이라는 민주주의에 대한 이해가 전혀 없음을 스스로 증명한 것이다. 게다가 진심이 보이지 않는 형식적 사과와 진실 은폐, 축소에만 급급한 모습을 보이고 있으니 더 이상 가망이 없다. 대통령의 권한을 행사할 능력이 없다면 그 지위에 머물러 있어서는 안 된다.

또한 가장 가까이서 대통령을 보좌한 이들과 여당 당직자들 역시 책임에서 자유로울 수 없다. 전현직 비서실장은 이구동성으로 '모르는 일'이라고 변명하고 있다. 사태가 이 지경까지 이르렀음에도 정말 모르고 있었다면 이들은 자신의 무능을 자인한 셈이다. '나도 연설문을 친구와 상의한다'고 말한 여당 대표는 사태의 심각성을 전혀 인지하지 못하고 있다. 단순하게 연설 내용을 상의하는 것과 국가기밀에 해당하는 정보를 공유한 것은 범법 여부가 걸린 전혀 다른 사안임에도 대통령을 변호하고 있다. 정권비호와 권력유지에 눈이 멀어 최소한의 도덕성을 포기한 이들을 당장 국정과 사태수습에서 배제하여야 한다.

정부와 여당 일각에서는 이번 사태의 책임을 최순실 개인에게 돌리려는 시도를 하고 있다. 최순실에게 일차적 책임이 있는 것은 분명하다. 그러나 동네 반상회에서 일어난 일도 아니고 하나의 국가에서 벌어진 정책과 인사, 국가기밀에 관한 일이다. 게다가 대통령 자신이 직접 가담하였고 동의하였다. 최순실만이 아니라 대통령, 대통령을 보좌한 공직자들, 집권 여당 당직자 모두가 책임져야 한다.

절망과 당혹에 빠진 국민들을 어떻게 위로하고 이 사태를 수습할 것인가? 무엇보다도 국정을 이 지경으로 몰아넣은 박근혜 대통령이 사퇴해야 하고 공정한 위치에서 법의 조사와 판결을 받아야 한다. 사태의 본질을 명확하게 규명하기 위해 국정을 농단한 최순실은 즉각 송환되어 조사를 받아야 하며 이원종 비서실장, 우병우 수석 등 최고위에서 국가 정책을 결정하는 이들과 임용 과정에서 최순실과 직간접적으로 관련된 이들도 즉각 배제되어야 한다. 그동안 대통령과 최순실의 꼭두각시 노릇을 한 무능한 내각도 사퇴하고 국가적 비상사태를 헤쳐 나갈 비상대책기구를 구성해야 한다.

우리는 대한민국이 사이비 종교인 일가에 놀아나고 능멸당한 현 사태를
매우 위중하게 인식하며 대통령을 포함한 관련자들에 대한 철저한 수사
를 요구하는 바이다. 정부는 국민적 분노와 요구를 제대로 반영하여 한 치
의 의혹도 없이 철저하게 사태를 해결하고 민주주의를 수호해야 한다. 지
금의 국민 공분을 외면할 시에는 더욱 처참한 상황에 직면하게 될 것임을
엄숙하게 경고한다.

2016년 10월 28일
경북대학교 총학생회

우리의 분노를 담아 정의를 외치다.

우리의 대통령은 누구였단 말인가?

민주공화정이 시작된 이래 전례 없던 충격적인 사건이 대한민국을 뒤흔들어 놓았다. 지난 몇 주간 끊임없이 보도되던 '비선 실세' 존재 의혹이 10월 24일 한 언론사의 보도로 사실임이 밝혀진 것이다. 그저 음모론이고 단순한 의혹에 불과하다 믿었던, 아니 불과해야 한다고 믿었던 일들이 이제 모두 사실이 되었다. 청와대 비서실장이 국정감사 중에 이야기 한 "봉건시대에서도 있을 수 없는 일"이 "민주주의 시대에서도 있을 수 있는 일"이 되었다. 주권자의 손으로 뽑힌 대통령에게 양도된 권력은 존재조차 몰랐던 사인私人 '최순실'이 가지고 있었다. 국민 앞에서 외쳤던 대통령의 모든 이야기가 그의 머리가 아닌 '최순실'의 머리에서 나왔다. 권력을 사유화한 '비선'의 꼭두각시에 불과한 이가 우리의 대통령이었단 말인가?

누구를 위한 나라인가?

'최순실'이 대통령의 입을 빌려 집행한 무소불위의 권력이 그간 대한민국을 손바닥 위에서 좌지우지했다는 정황이 계속해서 나오고 있다. 대통령의 연설문부터 정부의 정책 결정 과정에서, 심지어 외교와 국가 안보 문제까지 최종 결정권은 국가 원수의 뒤에 숨어 있던 개인에게 쥐어져 있었다. 시행되지도 않은 정책을 사전에 알고 있었을 그 개인은 얼마나 많은 부정한 이득을 취했을 것이며 얼마나 많은 부당한 권력을 행했을 것인가. 이제는 이러한 의심도 들기 시작한다. 주권자를 위해 행해져야 했을 결정과 정책의 시행이 과연 누구를 위한 것이었는가. 대체 이 나라는 누구를 위해 존재하는 나라인가?

국가의 주인을 속이고 근간을 뒤흔들었다.

대통령은 의혹을 해소하고 진실을 요구하는 국민들에게 순수한 마음뿐이었다며 진실인 것처럼 사과를 '읊었다'. 하지만 그날 밤 국민 앞에 했던 그의 사죄 역시 거짓이었음이 명백히 밝혀졌다. 권력을 개인에게 양도한 정권과 대통령은 그들을 지지하던 수많은 국민들의 염원을 짓밟아버렸고, 국가의 근간인 헌법을 유린했다.

우리 경북대학교도 거짓 정권의 마수에서 자유롭지 못했다.

2014년 이후 2년 2개월간 우리 대학을 분열시키고 황폐하게 밟아놓은 정권의 민낯이 완전히 드러났다. 지난 2년간 우리 학생들은 총장임용 거부사태 투쟁에 나서며 외쳤다. 대학의 자율성을 보장하라고, 민주주의를 수호하고 국민의 주권을 보장할 의무를 가진 나라를 위한 정부가 되어달라고. 지역과 대학 구성원의 민의에 귀 기울이고 올바른 판단을 해달라고 외쳤다. 하지만 그런 정부는, 그런 대한민국은 애초에 없었다. 우리가 찾아갔던 교육부는, 우리가 싸웠던 정부는 껍데기에 불과했다. 거짓 정권의 실세 '최순실'에게 찾아가서 총장 부재 사태를 해결해달라고 부탁했어야 했던 것인가? **우리가 살아가는 오늘의 대한민국은 더 이상 민국民國이 아니다.**

대통령은 민의를 철저히 무시했고 국민을 기만했으며, 거짓 사과로 문제를 축소하려 했다. 대통령과 대통령 뒤의 실세는, 정치권력과 경제권력을 비롯한 이 사회의 기득권층은 호가호위하며 민주주의의 근간인 헌정 질서를 무너뜨리고 이 사회를 봉건사회보다 못한 시대로 회귀시켰다. 2016년의 대한민국은 민주공화국이 아닌 '신성국가'가 되어버렸다.

경북대학교가 지켜온 가치, 선배들이 이 땅에서 피로 얻어낸 정의를 지켜내기 위해 선언한다.

우리 대학 동문에 자리한 공원은 암흑의 시기, 정의를 지키기 위해 평생을 헌신하고 인혁당 사건으로 억울하게 생을 마감하신 고故 여정남 선배를 기리기 위해 조성되었다. 여정남 선배를 비롯한 수많은 선배 열사들의 희생으로 지켜온 조국과 대학의 가치를 우리 후학들이 지켜낼 것을 역사 앞에 약속한다.

민족사의 발전적 전개에 기여해 오며 면면히 이어져 온 우리 경북대학교 총학생회의 정신을 이어받아, 경북대학교 학생들은 이러한 시국을 초래한 근원적인 모순을 해결하고 상식이 통하고 정의가 요동치는 대한민국을 만들기 위한 끊임없는 실천적 행동을 다짐한다.

피로 쟁취한 민주주의를 지키고 개인이 사유화한 그릇된 권력을 되찾기 위해 오늘 우리는 대통령과 정권에게, 이 땅의 거짓된 권력에게 외친다.

국민의 믿음을 철저히 배신한 박근혜 대통령은 하야하라.

국민에게 빌린 권력을 부당하게 사용한 거짓 권력층과 그의 곁에서 개인의 영달을 추구한 이들을 명명백백히 가려내 처벌하라.

2016년 10월 28일
고려대학교 법학전문대학원 학생회

대한민국 헌정질서의 회복을 촉구한다.

2016년 가을, 우리는 대한민국이 오랜 시간에 걸쳐 이룩한 헌정질서가 흔들리는 현실을 목도한다. 법치주의를 실현하는 법조인이 되기 위해 공부해 온 법학전문대학원생으로서 분노를 넘어 참담함을 느낀다.

박근혜 대통령은 헌정 사상 최초로 과반수 유권자의 지지를 받아 당선되었다. 그러나 그가 어떠한 민주적 정당성도 없는 자에게 국민으로부터 위임받은 권력을 넘겨왔다는 사실이 속속 드러나고 있다. 헌법을 수호해야 할 대통령의 초헌법적 일탈 앞에 민주주의 원칙은 너무도 허망하게 무너져 내렸다. 개인이 아닌 법에 의해서 국가가 다스려져야 한다는 것은 피와 땀이 맺힌 우리 역사의 준엄한 명령이다. 그러나 대통령은 선출되지 않은 사인이 국정을 농단하는 것을 방관하고 조장함으로써 국민을 기만하였다. 비선실세 자녀의 부정입학 의혹에서 드러나기 시작한 박근혜 정권의 비리 의혹은 국가기밀누설, 비정상적 인사개입 등 전방위에 걸쳐 있다. 이는 선거를 통해 위임받은 권력을 스스로 부정하는 것일 뿐만 아니라, 헌법질서를 심대하게 위협하는 행위이다.

그럼에도 대통령은 질문조차 배제한 녹화된 사과방송에서, 자신에게 주어진 마지막 기회조차 저버렸다. 이는 국민을 끝까지 우롱하는 행위이다. 우리는 이제 대통령이 스스로 헌정질서 회복에 나서리라는 일말의 희망조차 품을 수 없다.

이에 우리는 요구한다.

밝혀내라. 검찰과 경찰은 권력을 정면으로 겨누는 법치주의의 칼이 되어라. 수사의 대상과 범위에는 성역이 있을 수 없다. 국회는 국민의 대표로서 진실을 규명하여 무너진 민주주의를 재건하라.

연대하자. 눈앞에 드리운 망국의 기운을 더 이상 외면할 수 없다. 지금까지 진실규명을 위해 싸워온 이들과 함께 발맞춰 나아가자.

물러나라. 대한민국 민주주의에 더 이상의 어둠을 용납할 수 없다. 민주주의의 미래를 위해 당신에게는 마지막 결단만이 남아 있다. 이마저도 순수한 마음으로 "그분"에게 물어볼 텐가!

2016년 10월 28일
단국대학교 총학생회

우리를 위한 대통령은 없었습니다.

지난 24일 모 방송국의 보도로 갖은 의혹의 중심에 있던 최순실의 태블릿 PC에서 박 대통령 연설문과 국가회의자료, 국가기밀자료 등 200개 파일이 있다는 사실을 알게 되었다.

연설문의 경우에는 박 대통령의 실제 연설보다 나흘이나 앞선 경우도 있었으며 연설문 곳곳에서는 수정된 것으로 보이는 붉은색 글씨가 발견되기까지 했다. 이후 25일 박근혜 대통령은 이른바 '최순실 파일'을 인정하며 대국민 사과를 하기 이르렀다.

그러나 그 사과 역시 녹화된 방송이었으며 의혹에 대한 그 어떤 질의응답도 받지 않았다. 우리는 경악을 금치 않을 수 없었다. 지난 4년 동안 우리가 보아왔던 대통령은 대체 누구였단 말인가.

대통령에게 이양된 우리의 권력은 단 한 사람에게 넘어갔다.

비선실세라 칭해지는 최순실, 그녀에 의해 국정이 흔들리고 있는 사이 우리 주위에는 무엇이 남았을까. 구의역에서는 한 끼의 컵라면으로 때울 수밖에 없었던 비정규직 청년이 죽음을 맞이했고, 광화문에서는 대선 공약이었던 쌀값 17만 원 보장을 요구하며 거리로 나선 한 노인이 공권력의 차디찬 물대포에 스러져갔으며, 진도 앞바다에서는 우리 국민들이 제대로 된 구조도 받지 못한 채 죽어가야만 했다. 그들 곁에는 아무도 없었다. 아니, 최소한 우리가 대통령이라 믿었던 사람은 곁에 있지 않았다. 그들에게는 본인들도 모르게 빼앗긴 권력의 빈자리만 남았다.

우리는 확실히 깨달을 수 있었다.

우리를 위한 대통령은 없었다는 것. 우리가 이양한 권력은 우리를 위해 사용되지 않았다는 것. 최순실이라는 한 개인이 우리의 권력으로 호의호식할 동안에 우리는 우리의 생존을 스스로 담보해야 했다는 사실을 깨달을 수 있었다. 정유라가 특혜로 대학에 입학하고 권력을 등에 업고 미르재단과 K스포츠재단을 설립하여 전경련을 통해 대기업들로부터 수백억대의 후원을 받아냈으며 청와대 인사에 개입해 자신의 측근들을 공직에 앉힐 때 우리는 죽어가야 했고 하루에 한 끼 먹고사는 일을 걱정해야 했으며 정말 내 꿈이 이루어지는 나라가 만들어지기를 기도하고 소망해야만 했다. 더 이상 우리는 기도와 소망만 하지 않겠다. 그리고 가만히 있지도 않겠다.

우리는 우리의 분노를 담아 최순실을 위시한 박근혜 대통령과 그 무리들에게 다음과 같이 요구한다.

○ 박근혜 대통령은 진솔하게 사죄하라.

○ 수사를 통해 본 사태의 진상을 낱낱이 규명하라.

○ 박근혜 대통령은 모든 일에 책임을 지고 하루빨리 하야하라.

또한 우리 1만2000명 단국인들은 위와 같은 우리의 요구를 관철시키기 위해 다음과 같이 결의한다.

○ 단국인으로 구성된 단국대 시국대책위원회를 구성한다.

○ 단국대 시국대책위원회를 통해 성역 없는 수사 촉구를 위한 단국인들의 의견을 의회에, 사퇴요구서를 청와대에 제출한다.

○ 단국대 시국대책위원회를 통해 요구안이 관철될 때까지 흔들림 없이 행동한다.

2016년 10월 28일
동국대학교 총학생회

현 정권에 이미 찍혀 있던 마침표, 이제는 끝내야 한다.
누구를 위한 국가인가.
최근 최순실 게이트 사태를 통해 우리는 박근혜 정권의 비선실세들이 국정 개입을 넘어서 국정을 농단했다는 사실을 알게 되었다. 대한민국의 주권은 누구에게 있는가. 이 국가는 일부 독재세력을 위한 것인가. 연설문 한 줄 한 줄, 국제 행사 의상 장식부터 경제 문화정책, 외교문서, 대북정책, 청와대 인사, 극비문서까지 최순실의 입김이 닿지 않은 곳이 없다. 그것도 모자라 최순실은 미르, K스포츠재단을 설립하여 재벌들로부터 수백억의 상납금을 챙겼다. 동국대 출신인 집권 여당의 수장은 그저 현 정권을 비호하기 위해 '나도 연설문을 쓸 때, 친구의 도움을 받는다'는 망언을 쏟아내고 있다. 2016년 지금, 대한민국은 국가 최고 권력의 사유화로 인해 파탄을 넘어 혼돈의 상태이다.

하지만 국정 능욕, 국가 파탄의 주범 박근혜 대통령은 대국민 녹화 사과로 국민들을 다시금 기만하였다. 청와대 보좌체계가 완비되기 이전까지만 최순실의 도움을 받았다는 박근혜 대통령의 말은 비선실세를 인정하면서도, 사안을 축소 은폐하려는 얕은 문제 인식 수준을 드러냈을 뿐이다. 그것으로도 모자라 정국의 주도권을 놓지 않으려고 임기 내 개헌을 주장하는 박근혜 대통령의 태도에서 우리는 아무런 책임도, 반성도 느낄 수 없다.
예고된 상황, 마침표는 이미 찍혀 있었다.
박근혜 정권의 몰락은 예고된 상황이었다. 권력을 이용해 저들만의 황금탑을 쌓고 있는 동안 우리 청년들의 삶은 어떠했는가. 헬조선에서 청년들은 빛바랜 수저 하나 들고, 절망을 곱씹고 있다. 청년고용이라는 허울로 비정규직을 양산하고, 공공부문의 민영화와 무분별한 구조조정으로 이 땅에 청년들은 제대로 숨을 쉴 수 없었다. 또한 박근혜 정권은 그동안 국민의 목소리를 배제하다 못해 짓밟아 왔다. 현 사태에 대한 우리의 분노는 최순실이라는 한 개인을 넘어서, 박근혜 정권의 4년 속에 이미 축적되어 왔던 것이다. 결국 무능과 독재로 얼룩져 있던 현 정권의 실체는 드러났고, 우리는 이미 찍혀 있던 마침표를 다시금 확인하였다.
우리는 우리의 주권을 한 민간인에게 빼앗겼다. 화랑세기 속에 '미실'이 있었다면 지금 대한민국에 '순실'이 있는 것이다. 최순실 게이트 사태는 박근혜 정권의 퇴진을 넘어서 관련자 모두가 법적 처벌을 받아야 하는 심각한 범법행위이다. 국민 없는 국가, 최순실의 나라, 이러한 상실의 시대 속에서 동국인들은 더 이상 침묵할 수 없다.

박근혜 정권의 책임은 곧 퇴진이다.

사학비리와 대학구조개혁, 수백만 원의 입학금과 등록금으로 고통받는 대학생들의 현실 앞에 비선실세의 딸은 달그닥 훅 하면 된다고 말하고 있다. 이제 이 국가가 바로 서고, 대학생들의 문제가 해결되기 위해서 박근혜 대통령은 퇴진으로 마지막 책임을 져야 할 것이다. 그리고 박근혜 대통령과 최순실 게이트로 민주주의와 헌정질서를 훼손시킨 모든 비선실세들에 대한 분명한 수사와 엄중한 처벌이 이뤄져야 할 것이다. 정말 간절히 원해서 우주가 도와주길 바란다. 그러면 퇴진은 이뤄질 것이다.

4·19혁명의 정신을 계승하고 대한민국의 민주화를 이끌었던 민족동국의 정신을 이어받아 동국대 학생들은 이 땅의 민주주의와 헌법질서가 바로 설 수 있도록 박근혜 정권의 퇴진과 비선실세의 처벌을 강력히 요구하는 바이다.

2016년 10월 28일
박근혜 퇴진을 위한 의정부 시민 공동행동

지금 온 국민이 수치스러움에 떨고 있다. '대한민국의 주권은 국민에게 있고, 모든 권력은 국민으로부터 나온다'는 헌법 제1조를 정면으로 위반하고, 정체도 알 수 없는 비선실세에게 국정을 맡겨놓은 이 나라의 대통령이라는 자 때문이다.

공직자도 아닌 최순실이 통일과 안보, 외교 등 중요한 정책에도 영향력을 행사해 국가의 안위를 위태롭게 했을 뿐 아니라 청와대와 정부 주요 부처의 인사까지 개입한 사실이 만천하에 드러났다.

현재까지 밝혀진 사실만 보더라도 박 대통령과 최순실이 국정을 농단한 이 사건은 대한민국 헌정사에 유례없는 일이자 심각한 범죄행위임에 분명하다. 박근혜 대통령은 더는 국민의 생명과 재산을 보호할 의무를 지닌 대통령으로서 국정을 운영할 자격이 없다. 국민을 기만하고 국정을 파탄 낸 이 모든 상황에 책임을 지고 즉각 대통령직에서 물러나야 한다.

이제 우리는 대한민국 국민의 한 사람이자, 민주 시민의 일원으로 헌법이 부여한 우리의 주권을 되찾는 행동에 나서고자 한다. 박근혜 퇴진은 그 출발이다. '박근혜 퇴진을 위한 의정부 시민 공동행동'은 이 시간 이후 ①매일 아침 출근길 피켓시위(월~금) ②매일 저녁 7시 행복로 촛불행동(월~금) ③11월 4일 의정부 시국대회 등 의정부 지역에서의 다양한 공동행동을 벌여 나갈 계획임을 밝힌다.

앞으로 우리는 수많은 시민들과 지혜를 모아 공동행동을 키워나갈 것이며, 이는 박근혜 퇴진의 그날까지 흔들림 없이 계속될 것이다.

2016년 10월 28일
서울과학기술대학교 총학생회

민주주의는 무엇을 위해 존재하는가?

개인의 전유물로 전락한 대한민국 민주주의

최근 며칠 사이, 국정운영 전반에 걸친 최순실의 개입이 언론을 통해 보도되었다. 대통령 연설문과 각종 정책에 관한 문건, 심지어 국가안보에 관련된 기밀에 이르기까지 전방위적으로 국정에 관여했다는 의혹이 제기되었다. 청와대 내부에서도 쉽게 공유되지 않는 국무회의 자료, 유세문, 소감문 등을 비선실세 최순실이 미리 검열했다는 것이 의혹의 주요 골자였다. 이는 시작에 불과했다. 국내 유수 대기업의 후원과 정권의 특혜를 받아 설립된 미르·K스포츠재단 등 유령재단의 배후에도 최순실이 있었다.

대통령, 최순실 문건 열람 의혹 시인

헌정사상 초유의 비선실세 사태

지난 25일 사과 기자회견에서 박근혜 대통령은 '일부 연설문 등에서 최순실의 의견을 들었다'고 발언했다. '최순실이 미리 연설문을 받아 임의로 수정했다'는 의혹을 대통령이 시인함으로써 이 전대미문의 사태는 더 이상 의혹이 아닌 사실이 되었다. 전 국민의 투표로 선출된 국가 원수의 고유 권한이 일개 개인에 의해 침탈당하고, 원수가 이를 좌시했다는 참담한 사실에 국민들은 개탄을 금할 수 없었다. 이는 대통령기록물관리법 위반으로 명백한 범법 행위이다. 심지어 기자회견이 사전에 녹화된 영상이라는 사실에 대중들은 한 번 더 분노했다. 대통령은 진정성 없는 사과를 통해 작금의 국기문란 사태를 넘어가려 하고 있다.

'능력 없으면 니네 부모를 원망해. 돈도 실력이야'

3포 세대를 살아가는 대학생들은 분개한다.

대한민국의 대학생인 우리는 앞선 정유라 특혜 의혹에 분개한다. 정유라는 최순실의 그늘 아래서 비상식적인 특혜를 누려 왔다. 대한민국의 수많은 대학생들이 각고의 노력으로 입시 경쟁의 문턱을 넘어 대학에 입학한 것과는 대조적으로, 정유라는 본인을 위해 신설된 승마특기생 입학전형을 통해 입학하는 특혜를 누렸다. 고등학교 재학 시절 130일 넘게 결석했음에도 불구하고 무사히 고등학교를 졸업하고, 학업 수준 미달에도 부당하게 학점을 취득하였으며, 이를 위해 대학본부와 교수, 교육부까지 동원하였다. 부정한 혜택을 누렸음에도 불구하고, 정유라는 반성의 기미 없이 '능력 없으면 니네 부모를 원망해. 돈도 실력이야'라는 망언을 내뱉었다. 그러나 우리들 중 누구도 부모님을 원망하지 않고 횡령으로 얼룩진 돈이 실력이라고 생각하지도 않는다. 우리들은 전국의 대학생들을 향한 정유라의 모독을 똑똑히 기억할 것이다.

민족자주 서울과학기술대학교 총학생회는 현 정부에 요구한다.

민주주의 수호를 위해 싸워 온 민족자주 서울과학기술대학교 선배들의 정신을 이어받아, 우리는 민주주의에 심각한 위해를 가하는 이 사태를 규탄한다. 서울과학기술대학교 총학생회는 전 국민을 기만한 비선실세 최순실과 박근혜 대통령에 대한 엄정한 수사와 처벌을 요구한다. 특검을 통해 아직 확인되지 않은 비선실세에 대한 의혹들을 규명하고, 이에 대한 책임을 질 것을 요구한다.

2016년 10월 28일
서울교육대학교 총학생회

"우리는 민주주의를 가르칠 예비교사이다"

대한민국은 지금 거대한 혼란에 빠져 있다. 모두가 허무맹랑하다고 여겼던 이야기는 무력한 현실이 되어 우리 앞에 다가왔다. 국민이 되찾고 발전·계승시킨 민주주의가 아무도 모르게 무너져 있었던 것이다. 국민이 부여한 권한은 국민이 알지 못하는 한 개인의 손에 쥐여 있었고, 그 개인은 자신의 뜻대로 나라를 좌지우지하고 있었다. 지금의 이 사태는 대한민국의 민주주의와 헌법사의 비극이라 해도 부족함이 없다.

국민들은 이제야 비선실세의 실체를 언론보도를 통해 접하게 되었다. 그에 관련된 국정개입 의혹만 보아도, 대통령 연설문을 비롯한 각종 청와대의 자료와 기밀을 받아 보았고, 이에 따라 나라의 정책을 결정했으며, 각종 인사 결정에 개입했다는 사실이 밝혀졌다. 여기에 민간 재단 설립과 비리 의혹, 그리고 이화여대와 관련된 의혹 등 다양한 의혹으로 이어지기까지 하였다. 이는 명백한 국민에 대한 기만이다.

하지만 대통령과 측근들은 이러한 의혹들을 난무하는 비방과 확인되지 않은 폭로성 발언으로 일축하였다. 언론보도 이후 이루어진 사과라는 것은 녹화를 통한 개인적인 유감 표명이었으며, 해명마저도 거짓이었음이 드러났다. 또한 스스로도 봉건시대에서조차 일어날 수 없는 일임을 알면서 이 일을 방관했을 지도층을 보며, 도대체 대한민국은 누구의 나라인가 하는 의구심을 지울 수 없다.

우리나라의 교육은 홍익인간의 이념 아래 모든 국민으로 하여금 인격을 도야하고, 자주적 생활 능력과 민주 시민으로서 필요한 자질을 갖추게 함으로써 인간다운 삶을 영위하게 하고, 민주 국가의 발전과 인류 공영의 이상을 실현하는 데에 이바지하게 함을 목적으로 하고 있다. 우리는 이러한 교육의 목적을 달성할 의무가 있는 사람들이다. 우리는 아이들에게 우리나라가 민주국가임을 알려주고, 아이들이 민주 시민으로서 자랄 수 있도록 하는 선생님이 될 사람들이다.

우리는 미래의 아이들에게 민주주의와 현대사를 가르쳐야 할 예비교사로서 민주주의가 위협받는 것에 침묵할 수 없다. 또한 교육의 양심을 훼손한 이화여대 부정 입학과 일방적인 지도교수 교체 사건을 교육자로서 묵과할 수 없다. 우리만을 믿고 바라보는 아이들에게 부끄러운 선생님이 될 수는 없다.

박근혜 대통령은 대통령으로서의 책임을 다하여 이 모든 의혹에 빠뜨림 없이 솔직하게 밝히고 사과하여야 한다. 그리고 그 끝에 국민이 납득할 수 없는 진실이 드러난다면 그 자리에서 물러나야 할 것이다. 우리 서울교대의 예비교사들은 이 사건을 끝까지 지켜볼 것이며, 깨어 있는 교육자이자 지성인으로서의 소명을 다할 것이다.

2016년 10월 28일
서울대학교 법학전문대학원 학생 일동

주권자로서 대통령에게 퇴진을 명한다.

헌법은 우리 정체성에 대한 선언이다. 그 시작인 대한민국 헌법 제1조는 민주공화정과 국민주권을 향한 우리의 결연한 의지이다.

그러나 근래의 충격적인 사태는 헌법이 공허한 문구로 전락했다는 것을 보여준다. 민주적 정당성을 결여해 국민의 감시와 통제를 벗어난 권력은 필연적으로 부패했고, 주권자인 국민을 배신했다. 헌법 제1조에 담긴 우리의 의지는 무색해졌다. 미르재단과 K스포츠재단을 비롯한 일련의 의혹이 사실이라면 공권력은 사익추구의 수단으로 전락해 국민의 권익을 직접 침해한 것이다. 우리는 박근혜 정부하의 많은 정책 또한 이러한 방식으로 결정되어 왔으리라는 합리적인 의심을 품지 않을 수 없다. 설령 모든 것이 의혹에 그칠지라도 대통령 사과문에서 드러난 사실만으로도 우리 헌법질서가 유린되었음을 부인할 수 없다.

우리는 주권을 가진 대한국민으로서, 헌법 정신을 배우는 법학도로서, 법의 가치를 실현해나갈 예비 법조인으로서 지금의 사태에 깊은 분노와 참담함을 느낀다. 이에 우리 서울대학교 법학전문대학원생들은 목소리를 한데 모아 다음과 같이 규탄한다.

첫째, 민주적 절차로 선출되지 않은 권력이 국정을 좌우한 것은 국민주권을 선언한 헌법에 대한 유린이다. 우리가 선출한 적도, 대통령이 임명한 적도 없는 비선권력의 손에 국가의 중차대한 사안들이 놓여 있었고, 법에 정해진 수단으로 국민이 견제하고 확인할 수 없는 방식으로 국가 권력이 행사되었다. 민주공화국으로서 대한민국의 정체성은 부정되었고 헌정질서는 파괴되었다.

둘째, 대통령이 국민주권을 무시한 권력을 창출하고 이를 주도한 것은 반헌법적 행위이다. 대통령은 헌법 제66조 제2항에서 규정한 대통령의 헌법수호 책무를 방기했으며, 자신에게 권력을 위임한 국민과 헌법을 그 스스로 부정하였다. 이로써 그동안 국민들이 쌓아온 선진 민주주의 국가를 향한 노력은 무력화되었고, 대통령은 민주주의와 법치주의의 후퇴를 초래한 데 무한한 책임을 져야 한다.

우리는 엄중한 수사로 이 사태의 진실을 명백히 밝힐 것을 요구한다. 대통령을 포함한 청와대 참모진, 국무위원 등 최근 비선권력의 전횡에 직접 관련이 있는 자들은 반드시 책임을 져야 하며, 나아가 그것을 가능케 한 모든 자들도 국민의 준엄한 심판 앞에 자유로울 수 없다. 진실이 밝혀지는 그날까지 우리는 이번 사태를 주시할 것이다.

대한국민은 수많은 민주주의의 위기를 겪어 왔다. 그러나 그 아픔이 결코 역사의 얼룩은 아니다. 우리는 국민의 일원으로서 다른 국민과 함께 오늘날에 닥친 이 위기를 극복하여 또다시 자랑스러운 역사의 한 장을 쓸 것이라 믿어 의심치 않는다.

우리는 헌법과 양심을 외면하지 않고 역사의 길을 걸어갈 것이다. 우리 서울대학교 법학전문대학원생들은 헌법질서와 민주주의의 회복을 희망하며, 대한민국의 주권자로서 대통령에게 퇴진을 명한다.

2016년 10월 28일
서울대학교 총학생회

주권자의 이름으로, 정권에 퇴진을 명한다.

오늘 우리는 주권자의 이름으로 박근혜 정권에 퇴진을 명한다.

피 흘려 이룩한 우리 대한민국의 근본원리인 민주주의와 법치주의가 뿌리째 흔들리고 있다. 최순실로 대표되는 비선실세가 선거를 통해 대통령에게 부여된 행정권을 아무 자격 없이 남용하였다. 이 국정 농단으로 국민의 주권은 전면 부정당했고 헌법의 가치는 허울뿐인 것으로 전락했다. 그럼에도 박근혜 대통령은 거짓된 사과로 사건을 축소 규정하기 바빴다. 이에 우리는 분노를 넘어 비통함을 느낀다.

2년 전 팽목항에서도, 역사 교과서 국정화 과정에서도, 광화문의 물대포에서도, 대사관의 소녀상 앞에서도 정권의 몰상식함은 적나라하게 드러났다. 그럼에도 우리는 이 땅에 최소한의 민주주의 원칙만은 남아 있으리라 믿었다. 그러나 최근 우리가 마주한 진실은 그 믿음마저 처참히 짓밟았다. 우리는 그가 대통령으로서 최소한의 사리 판단과 직무수행 능력마저 없음을 이제야 명시적으로 확인하게 되었다. 이를 한탄하며 이제는 현 시국에 침묵하지 않을 것을 선포한다. 그간의 침묵이 얼마나 부끄러웠던 것인지 우리 자신을 반성함과 동시에, 더 이상 역사에 기록될 시대의 방관자가 되지 않기 위해 행동의 선봉에 함께할 것이다.

우리는 국가의 민주주의를 지켜내야 하는 사명 아래, 주권자의 이름으로 허수아비 같은 대통령에게 그 자리에 앉을 자격과 책임을 묻는다. 우리는 선배 열사들이 그랬듯, 그 물음을 허공에 맴도는 메아리가 아닌 거리에 모이는 함성으로 만들 것이다. 현 시국은 정국을 평론할 지성이 아닌 정국을 바꾸어낼 지성을 우리에게 요구한다.

우리는 1987년 이후 또 한 번의 역사적 순간 앞에 이렇게 서 있다. 우리의 양심은 이미 한목소리를 내고 있다. 숭고한 헌법의 가치와 민주주의를 농단하고, 국민들의 땀과 눈물과 피를 농락하는 정권이 설 자리란 없다. 이제 이 나라의 진정한 주권자가 누구인지 보여줄 때이다. 그래서 우리는 국민을 기만하고 정치적 대표성을 상실한 박근혜 정권의 퇴진을 엄중히 요구한다. 지금 우리는 기로에 서 있다. 민주주의를 지켜낼 것인가, 아니면 역사의 퇴보를 바라만 보고 있을 것인가?

정권은 짧지만, 우리가 이끌어갈 대한민국의 미래는 길다.

2016년 10월 28일
성공회대학교 총학생회

살인정권, 수명은 끝났다.
최순실의 아바타 박근혜는 퇴진하라!
'순수한 마음으로' 헌법질서 파괴

대한민국의 민주주의는 죽었다. 현재 대한민국은 국민의 의사에 따라 선출된 권력에 의해서 운영되는 것이 아니라 어떠한 직책도, 자격도 없는 최순실이라는 민간인에 의해 좌지우지되고 있음이 드러났다. 최순실은 대통령의 주요 연설문을 비롯한 국가 안보와 기밀이 담겨 있는 청와대 내부문서들을 미리 받아 보고 수정했으며, 청와대와 정부의 인사에도 깊숙이 개입했다. 박근혜 대통령의 무능한 국정운영과 괴상한 말 한마디 한마디, 패션스타일까지 모두 최순실의 작품이었다. 박근혜 대통령은 '순수한 마음'으로 국정운영의 도움을 받은 것이라고 이야기했지만 가당찮은 소리다. 그 '순수한 마음'이 대한민국의 헌법질서를 파괴했다. 우리가 뽑은 권력 뒤에서 정체불명의 한 개인은 자신의 입맛대로 국정을 주무르며 자신의 사적인 이익을 챙겼다. 재벌들에게 800억이 넘는 출연금을 받기도 하고, 그의 딸은 대학 규정에도 어긋나는 특혜를 받곤 했다. 박근혜 대통령은 지난 임기 내내 최순실의 아바타 역할에 충실했고, 오로지 최순실만을 위한 국정운영을 하였다.

살인정권, 박근혜 정부

지난 4년 동안, 우리는 박근혜 정부의 총체적 실패를 보았다. 우리는 규제완화로 인해서 과적된 세월호가 가라앉는 것을 무기력하게 바라보아야만 했고, 정부는 바다에 수장되는 304명의 생명을 구해내지 못하였다. 일반 서민들의 삶은 어떠했는가. 박근혜 정권은 노동개악을 통해 끊임없이 노동자의 삶을 탄압하였고, 쌀값이 껌값이 되어 가면서 농민들의 삶은 무너져 내렸다. 수많은 사람들이 "더 이상은 못 살겠다"며 내었던 목소리는 거대한 차벽과 물대포로 묵살되었고, 어느 한 농민은 물대포에 맞고 사경을 헤매다 얼마 전 선종하였다. 박근혜 정부는 사람을 살리기는커녕 죽이는 정부였다. 그의 임기 내내 최순실은 어마어마한 특혜를 받는 반면, 평범한 사람들의 삶은 비참했고, 우리의 목소리는 늘 스러졌다. 국민의 삶을 돌보는 것이 아니라, 최순실에게 무소불위의 권력을 쥐어주는 데 급급했던 박근혜 정권하에서 위와 같은 일들은 어쩌면 너무도 당연한 결과였다. 이제 박근혜 정부와 그에 복무했던 새누리당은 기득권의 이익을 대변하느라 수많은 국민들이 떠안아야 했던 희생과 탄압들에 책임을 져야 할 것이다.

변화는 시작되었다.

국민들은 어느 때보다 분노하고 있다. 20대 지지율은 2.4퍼센트 에 불과하며, 전체 국민 지지율이 10퍼센트대로 떨어졌다. 이는 그간 너무도 무능하고, 국민을 탄압했던 허수아비 박근혜 정권의 수명은 이미 끝났음을 보여준다. 국민으로부터 나온 권력을 국민의 동의 없이 민간인에게 위임한 사실이 대대적으로 밝혀진 지금, 박근혜 정부는 어떠한 정당성도 갖고 있지 않다. 우리는 이 정권 아래서 고통받았던 사람들의 목소리를 모아서 박근혜 대통령의 퇴진을 촉구한다. 그간 헌법질서를 유린하면서 우리 삶을 위협해 온 박근혜 정부의 행태에 우리는 가만히 있지 않을 것이다. 다가오는 11월 12일 민중총궐기를 비롯한 수많은 시민공동행동에 함께하자! 그곳에서 우리가 이만큼 분노했음을, 변화의 열쇠는 우리가 쥐고 있음을 보여주자.

박근혜 대통령은 퇴진하라!

10월 29일, 11월 5일 시민 촛불에 함께하자!

11월 12일 2016 전국노동자대회·민중총궐기에 함께 나가자!

2016년 10월 28일
세종대학교 총학생회

비선 실세 최순실 게이트, 박근혜 대통령의 책임과 진상 규명을 촉구한다.
대한민국의 목적지는 어디입니까?

과거입니까, 미래입니까. 대한민국의 미래를 걱정하는 많은 젊은이들이 이곳에 있습니다. 이곳의 많은 젊은이들은 대한민국이 과거로 가고 있다는 것을 알고 있습니다. 이에 대통령에게 묻고 싶습니다. 대통령이 생각하는 대한민국의 목적지는 어디입니까?

국기 문란의 주체가 누구입니까?

국기 문란, 대통령이 참 좋아하는 단어입니다. 대통령이 생각하는 국기 문란의 뜻은 무엇입니까? "어떤 의도인지는 모르겠지만, 문건을 외부로 유출하는 것은 결코 있을 수 없는 국기 문란 행위이다"라는 발언을 기억하실지 모르겠습니다. 며칠 전 대통령이 발표한 '자칭 사과문'의 내용대로라면 국기 문란의 중심에는 대통령이 서 있습니다.

국정농단이 무엇이라고 생각하십니까?

박근혜 대통령은 한 나라의 국정 방향이 담겨 있는 문건을 사전에 유출시켰으며, 또한 비선의 한 개인에 의해서 문건이 수정된 사실을 밝혔습니다. 이러한 사실이 대통령 스스로가 순수한 마음으로 포장된 '허수아비'임을 인정하는 격입니다. 허수아비 대통령이 국정 방향을 올바르게 잡을 수 있는지, 대통령의 정책 결정 또한 비선의 누군가로부터 개입 받지 않았다고 할 수 있는 것인지 의문입니다. 선거에 의해 선출된 대통령이 아닌 비선의 개인에 의해 국정 방향이 흔들릴 수 있다는 것은 엄연한 국정농단입니다.

정녕, 사과할 마음이 있으십니까?

국정농단에 대한 기자회견은 대국민 사과입니까, 대국민 기만입니까. 국정농단에 이어 대통령의 사과를 표방한 입장 표명에서 우리는 또다시 분노하였습니다. 현 상황에서 문제의 핵심을 직시하지 못하고, 단지 면피용에 불과한 입장 표명은 국민을 기만하는 행위입니다. 우리가 기대했던 것은 대통령의 입장 표명이 아닌 진심 어린 사과와 성역 없는 수사를 포함한 후속 조치의 약속이었습니다. 하지만 대통령은 우리의 기대를 저버렸고, 어떠한 의문도 해소해주지 않은 채 도망치듯 사라졌습니다. 이는 명백히 국민을 기만하는 행위입니다.

이 소설의 끝은 어디입니까?

비선 실세 최순실 사건은 판도라의 상자를 연 열쇠에 불과합니다. 이를 시작으로 계속해서 많은 의혹이 터져 나오고 있으며, 논란이 되었던 정윤회 게이트의 조각이 맞춰지고 있습니다. 하지만 대통령은 많은 의혹에 대한 진상 규명은커녕 모르쇠로 일관하고 있습니다. 과연 우리가 앞으로 대통령의 말을 믿을 수 있을지 의문입니다. 우리는 제2, 제3의 최순실이 있을지도 모른다는 생각에, 그리고 이 논란에 얼마나 더 상처받을지 두렵기만 합니다. 우리의 상처를 치료해주지 못하는 대통령을 대신해 우리는 간절히 바라고 온 우주가 도와주길 기다려야 하는 겁니까?

2016년의 대한민국은 민주주의를 잃었습니다. 대통령을 필두로 신의로 포장한 비선의 개인이 국가의 근간인 헌법을 무시하고, 국민과 법 위에 군림하고 있습니다. 대통령이 자초한 이 사태는 국가의 정체성을 흔들고 국민을 기만하였으며, 더는 정부를 신뢰할 수 없는 결과를 낳았습니다.

대통령에게 다시 한 번 묻고 싶습니다. 당신의 목적지는 국민이 바라는 국민의 목적지입니까, 아니면 최순실이 바라는 최순실의 목적지입니까?

세종대학교 총학생회 및 중앙운영위원회를 비롯한 우리 세종인들은 국민의, 국민에 의한, 국민을 위한 대한민국을 위해 아래와 같이 촉구합니다.

하나, 박근혜 대통령은 민주주의를 자각하고, 국가의 주인이 국민임을 유념하여, 민주공화국의 대통령답게 행동하라!

하나, 청와대는 성역 없는 명백한 수사가 이루어질 수 있도록 적극 협조하고, 사법 당국은 사건의 모든 사실을 국민들에게 낱낱이 공개하라!

하나, 박근혜 대통령은 더 이상 국민을 기만하지 말고, 진심 어린 사과와 진상 규명으로 본인의 과오에 대한 책임을 다하라!

2016년 10월 28일
신학생시국연석회의

"너는 네 자식들을 몰렉에게 희생 제물로 바치면 안 된다. 그렇게 하는 것은 네 하나님의 이름을 더럽게 하는 일이다. 나는 주다."(레위기 18장 21절)

1세기의 일이다. 바울 일행이 빌립보에서 루디아를 만나던 그때 귀신 들려 영험한 능력으로 점을 치는 여종을 마주친 일이 있었다. 그녀는 바울의 일행을 따라오면서 큰 소리로 "이 사람들은 지극히 높으신 하나님의 종들인데, 여러분에게 구원의 길을 전하고 있다" 하고 외쳤다. 이 일이 며칠 내내 계속 이어지자 바울은 귀찮은 나머지 그 여자에게 붙어 있던 귀신을 간단하게 쫓아내 버린다. 문제는 이다음부터 시작된다. 여자에게 붙어 있던 귀신이 사라지자 돈벌이 수단이 사라져 화가 난 여종의 소유자들과 주민들이 바울과 실라를 매질하여 감옥에 가두었다. 바울과 실라는 결국 정당하게 감옥에서 풀려나는 것으로 이 이야기는 끝이 난다. 하지만 바울이 빌립보서에서 유독 겸손을 강조하는 데엔 이 일의 영향이 있지 않았을까? 귀신 들린 여종을 통해 돈을 버는 사회를 바라보지 않고 그 귀신만 쫓아내면 된다는 오만했던 과거 말이다.

2016년의 일이다. 대한민국 국민이 선출한 헌법기관의 결정이 사실 비선 실세 최순실 씨의 의사였다는 사실이 밝혀지고 있다. 박근혜를 대의代議 권력으로 선출하였더니 최순실이라는 대의代盟 권력이 국정을 농단하고 있었다. 그러나 여기에 정말 분노하는 사람을 찾기 힘든 듯하다. 특검이니 탄핵이니 하는 이야기를 하는 사람들이 그러하다. 그들은 최순실이라는 귀신만 제거하면 박근혜라는 여종이 다시 제 역할을 할 것으로 생각하는 사람들이다. 그러나 우리는 알고 있다. 이 체제 자체에 귀신이 들려 있다는 사실 말이다. 국정을 농단한 최순실 씨는 대기업들로부터 수백억의 출연을 받아 자신의 재단을 세웠다고 한다. 서민 대중에겐 천문학적으로만 보이는 이 금액은 대기업들에겐 그리 어렵지 않은, 기도 응답이 빠른 헌금이었다. 대기업들은 헌금의 응답으로 세제 혜택, 규제 완화와 같은 축복을 받았다. 같은 시간 어떤 국민들은 물에 빠져 죽고, 어떤 국민은 물대포를 맞고 죽었다. 어느 한쪽이 헌금으로 인한 축복을 누리는 동안 어느 한쪽이 죽임을 당하는 체제를 우리는 인신 공양의 사교라고 부른다.

공화국은 이미 끝났다. 이제 신앙인에게 요구되는 것은 인신 공양 사교의 무당을 그 자리에서 끌어내고 신전을 폐하는 것이다. 이것이 우리에게 요구되는 하나님의 선교로의 참여이다. 따라서 우리 신학생들은 불의한 정권과 불의한 체제에 대하여 맞서고자 한다. 이것이 우리의 프락시스이다. 우리의 선언이 말뿐이 아닌 실천이 된다면 우리는 세상에서 환난을 당할 것이다. 그러나 믿음의 자매, 형제들이여 용기를 내자. 그리스도께서 세상을 이겼다. 사랑하는 자매, 형제들이여, 공중 권세 잡은 저들은 강해 보이고 우리는 스스로가 보기에도 메뚜기와 같이 초라하다. 하지만 두려워하거나 낙담하지 말자. 우리가 어디로 가든지, 우리의 주, 하나님께서 함께하신다.

2016년 10월 28일
연세대학교 법학전문대학원 학생 일동

'모든 권력은 국민으로부터 나온다'는 선언은 법전 속 공허한 외침인가?
'국민이 건네준 신뢰를 그대는 누구에게 넘겨주었는가?'

헌법 준수와 국가 보위는 대통령에게 부여된 사명이다. 이러한 권한의 원천은 민의가 하나하나 모여 만들어진 신뢰이다. 개인적인 친분으로 대통령이 짊어진 권력의 무게를 나누어 들 수 없다. 신의라는 미명으로 대통령의 연설문에 손을 대고 국가기밀을 열람하는 행위는 헌정 질서에 반하는 국정농단이다. 민주와 법치를 외면하고 자격 없는 자를 국정에 개입시키는 것은 국민에 대한 배신이다. 모든 권력은 국민으로부터 나온다는 헌법의 선언은 단순히 법전을 채우는 활자가 아니라, 대한민국의 현실에서 꽃피워야 할 가치 그 자체다. 국정은 민주적 정당성을 부여받은 대통령의 결단에서 비롯되어야 한다. 입헌주의하에 부여받은 직책의 무게를 절절히 느끼기 바란다.

'순수한 마음이었다는 사과는 순수하지 못한 변명이다.'

국가의 원수이자 행정부의 수반인 대통령은 막중한 권한에 걸맞은 책임을 져야 한다. '순수한 마음'을 운운하며 작금의 사태를 무마하려는 태도로 일관하는 것은 또 다른 배신행위에 불과하다. 상황의 심각성을 인식하지 못하는 대통령의 행보는 더 큰 분노의 시발점이 될 것이다. '그래서 제가 대통령 하겠다는 것 아닙니까?'라고 당당하게 말하던 대통령 후보 박근혜의 모습은 대체 어디로 갔는가?

'그럼에도 우리는 좌절에 머무르지 않을 것이다.'

우리는 헌정 사상 초유의 사태에 당혹감을 감출 수 없다. 그러나 나아갈 방향마저 잃은 것은 아니다. 연세대학교 법학전문대학원 학생 일동은 다음을 강력히 요구한다.

하나. 비선 실세 국정개입 의혹을 명백히 밝히라. 공정한 수사 주체에 의한 적법한 진실 규명을 촉구한다. 국민이 납득할 수 있는 철저한 진상규명이야말로 사안을 해결하는 첫걸음이다.

하나. 국정 농단에 관여한 자들에게 법의 준엄한 심판을 받게 하라. 지위고하를 막론하고 죄책에 상응하는 죗값을 치러야 한다.

하나. 대통령은 사태에 상응하는 책임을 져라. 개인에 대한 책임 전가로 사태를 일단락 지으려는 행태는 국민에 대한 기만이다. 법의 엄중한 칼날 앞에서는 그 누구도 자유로울 수 없다.

우리는 대한민국의 근간을 이뤄온 입헌주의 질서가 무너지도록 좌시하지 않을 것이다. 탄핵과 하야를 외칠 수밖에 없는 국민의 통탄이 들리지 않는가! 대통령에 대한 신뢰가 바닥에 떨어진 현실이 보이지 않는가! 사태의 심각성을 진정으로 이해하고 퇴진 요구의 중압감을 진심으로 받아들이기를 희망한다. 주권자의 눈으로 이 사태를 지켜보고 있음을 분명히 밝힌다. 국기를 문란케 한 죄, 헌정 질서를 파괴하려는 죄의 값을 온당히 치를 때까지 우리는 시선을 거두지 않을 것이다.

누구도 대한민국의 헌정 질서를 무너뜨릴 수 없다.

2016년 10월 28일
연세대학교 총학생회

"대한민국 헌법 제1조 2항 대한민국의 주권은 국민에게 있고, 모든 권력은 국민으로부터 나온다."

대통령은 국가의 원수로서 그 권력은 국민으로부터 나온다. 대통령은 국민의 자유와 권리를 헌법과 법률에 따라 보장하고 또한 헌법과 법률에 따라서만 제한할 수 있다. 이것은 법치주의의 근간이고 누구도 침해해서는 안 되는 불가침원칙이다. 적어도 우리는 이 원칙을 신뢰해왔기에, 현실의 아픔에도 참을성 있게 희망의 끈을 놓지 않아 왔다.

최근 '비선실세'라는 생소한 단어가 포털 사이트를 뜨겁게 달구고 있다. 비정상의 체계로 가장 강력한 힘을 휘두르는 사람. 당혹스럽게도 비선실세는 모든 국민의 자유와 권리를 법에 따라 수호해야 마땅한 박근혜 대통령 뒤에 숨어 있었다. 그는 재단을 통해 대기업에 거액을 요구했다는 의혹부터 대통령으로부터 연설문, 국가기밀, 외교정책, 인사정보까지 받아 보며 국정에 깊숙이 관여하였다는 의혹까지 받고 있다. 대통령은 국민으로부터 부여받은 권력을 독단으로 개인에게 부여하고 말았다. 국민은 분노와 참담함을 금할 수 없었다.

보이지 않는 권력은 국민의 시선으로부터 숨는다. 통제도 받지 않고 책임도 지지 않는다. 무소불위의 힘은 법 위에서 국민의 자유와 권리를 원하는 때 원하는 방식으로 제한했다. 국민은 실체조차 알지 못한 채 국민을 배척하고 배제하는 현 정권의 부당한 통치에 깊이지 않을 한탄을 이어 왔다. 오늘의 대한민국은 대통령이 아닌 군주를 둔 국가란 말인가. 초유의 국기문란·국정농단 사태로 대한민국의 민주주의는 붕괴되었고 현 정권은 정당성을 잃었다. 국가의 근간이 파괴된 오늘, 그 중심에 대통령이 있었음을 온 국민이 똑똑히 확인한 오늘, 우리는 이를 시국이라 칭하지 않을 수 없다. 시국의 사태에 우리의 소임은 권력의 실체를 낱낱이 파헤치고 자유와 권리의 수호를 위하여 국가의 근간을 바로잡는 것임이 분명하다. 그렇기에 우리는, 오늘 연세에서 다음을 요구한다.

하나. 국민을 기만하고 국가의 근간을 더럽힌 당사자들을 성역 없이 수사하여 진상을 철저히 규명하라.

하나. 국가의 규범을 어긴 자를 법에 따라 엄중히 처벌하라.

하나. 과정과 결과를 국민에게 숨김없이 공개하여 모든 부정을 근절하라.

박근혜 정권은 국민의 요구에 책임으로 답하라. 국민의 투표로 당선된 대통령은 주권자의 무게를 기꺼이 견뎌야 한다. 숨겨온 의혹들이 하나둘씩 밝혀지는 오늘, 사건을 축소하거나 책임을 회피하는 '녹화된 사과'는 국민의 분노만 가중할 뿐이다. 진정으로 죄를 인정하고 국민에게 사과하라. 이 것만이 국민의 신뢰와 정권의 정당성을 회복하는 유일한 길이다.

대한민국이 위기에 처했을 때, 연세는 행동하는 지성으로 역사를 이어 왔다. 우리가 작금의 부정과 부당함에도 목소리를 내지 않는다면 대한민국의 역사는 더는 이어질 수 없다. 분노와 절망으로 가득한 우리의 목소리가 흐트러지지 않고 역사를 잇는 힘이 될 수 있도록, 연세는 다시 시대의 흐름이 되어 함께할 것이다.

2016년 10월 28일
최근의 국정농단 사태를 규탄하는 전남대학교 교수 143인

국가의 주권은 국민에게서 나온다. 국민은 그들의 자발적 의사로 대표를 뽑아 그 주권을 행사하라는 신성한 명령을 내린다. 국민의 선택을 받은 정부와 의회는 국민이 위임한 주권을 오로지 공익을 위해 그리고 공적인 목적을 위해 행사해야 한다. 이것이 대의민주주의의 요체다. 오늘날 대의제 정치의 한계를 지적하는 목소리가 높지만, 우리나라에서도 지난 반세기 동안 진정한 대의민주주의의 정착을 위해 무수한 사람들이 피와 땀을 바쳤다. 박근혜 대통령은 국민이 위임한 신성불가침의 주권을 최순실을 비롯해 그와 연줄을 맺은 소수의 개인에게 그대로 양도했다. 오로지 공익을 위해 그 주권을 행사하라는 국민의 요구를 망각한 채, 몇 안 되는 사람들이 사적 이익을 위해 권력을 행사하도록 방기하고 허용했다. 국가의 공적 시스템은 붕괴되고 사적인 친분 관계를 맺어온 몇 사람과 그 추종자들이 정부와 국가권력을 사익을 위한 도구로 사용했다는 것이 명명백백하게 드러났다. 붕괴된 국가 시스템에서 고위직을 맡은 많은 공직자들이 국민의 조롱 대상이자 멸시의 대상으로 전락한 이 국가 존망의 위기를 맞아 우리는 우선 위기를 벗어나는 첫걸음이 박근혜 대통령의 정치 일선 후퇴라고 생각한다. 박근혜 정부가 들어선 이후 국가 경제는 침체일로를 걷고 있고, 한반도는 전쟁 직전의 위기상황까지 이르렀으며, 세월호 사태에서 드러났듯이 국민의 생명과 재산마저 제대로 보호받지 못하는 등 우리 대한민국호는 거의 침몰의 위험에 직면해 있다. 주체적으로 세계를 바라보고 판단하지 못하는 박근혜 대통령이 어떻게 국민이 위임한 행정수반의 역할을 감당할 수 있는가. 박 대통령이 국가 정치와 행정의 최일선에서 그 역할을 계속 맡을수록 오히려 국가의 위기가 더 깊어지는 비상시기다. 우리나라의 현재와 가까운 미래를 진심으로 걱정한다면 박근혜 대통령 스스로 결단해야 한다. 우리는 정부와 국회, 그리고 여야 정치인에게 다음과 같이 국민의 염원을 담아 엄숙하게 요구한다.

○ 박근혜 대통령은 국내 정치와 행정의 최일선에서 손을 떼고 잔여 임기 동안 의례적인 국가원수의 역할만 맡아야 한다.

○ 이 사태의 모든 책임을 지고 청와대 고위 참모진과 행정부 총리 및 각부 장관들은 총사퇴해야 한다.

○ 국회와 정당대표들은 하루빨리 회동하여 거국내각 구성에 합의하고

이 거국내각이 박 대통령의 잔여 임기 동안 국내 정치와 행정을 책임지도록 협력해야 한다.

○ 국회는 국정농단 사태를 조사할 특별검사를 임명함과 동시에 현재 거론되는 인사들의 출국금지, 해외체류자의 소환 등 시급한 조치를 취해야 한다.

2016년 10월 28일
충남대학교 교수 207인

박근혜는 국정농단에 대한 책임을 지고 즉각 대통령직에서 물러나라.

박근혜는 대통령 취임 직후부터 이해하기 어려운 자폐적이고 비정상적인 행태를 보였고, 이 정부는 계통 없이 우왕좌왕하며 무능의 극한을 치달아왔다. 전 국민의 눈앞에서 생때같은 우리 아이들을 실은 세월호가 물속으로 잠겨간 7시간 동안 대통령 박근혜는 흉흉한 소문을 뒤집어쓴 채 공무의 공간에서 이탈하여 공적 연락이 닿지 않는 어둠의 공간 속에 잠적해 있었다. 역병이 창궐하여 2차 감염자들이 목숨을 잃고 지진으로 국토가 흔들릴 때 정부 기능이 가장 먼저 마비되었고, 국민의 안전은 팽개쳐졌다.

대통령 박근혜는 국민들 앞에 공개하지도 못할 이른바 위안부협상문서에 서명을 하고, 건국절 타령에 국정 역사교과서라는 불량서적 제작 등 민족정기의 말살과 역사왜곡에 몰두하고 있다. 이틈에 전쟁 가해국 총리는 대한민국 국민의 면전에서 위안부 소녀상을 빨리 치우라며 삿대질을 해대고 있다. 박근혜의 대통령 재임기간 동안 국가채무는 기하급수적으로 늘어 1천조를 바라보고 있고, 가계부채는 급등하고 청년실업률은 매년 최악의 상황을 경신하고 있는데다 한진해운 부도를 제대로 처리하지 못해 세계 곳곳에서 선박이 압류되는 등 국가경제가 위기에 이르고 국민의 삶은 도탄에 빠졌다. 그런 판국에 이 정부의 오만함은 하늘을 찔러, 국립대 총장 자리를 2년, 3년씩 공석으로 방치해두거나 의도적으로 2순위자만 총장에 임명하는 등 불순한 길들이기에 권력을 남용하고 있으니 이제 국가의 백년대계인 교육의 공공성이 풍비박산 일보직전에 이르렀다.

급기야 이 정부의 부패와 무능의 원인이 언론의 취재를 통해 백일하에 드러났고, 국민들은 두 귀와 두 눈을 의심할 수밖에 없는 그 엽기성에 아연실색하고 있다. 국민으로부터 위임된 대통령의 공권력이 박근혜 개인에 의해 사유화되어 그것이 다시 사교 계통의 한 민간인에게 재위임되었음이 밝혀졌다. 언론이 밝혀낸 바에 따르면 최순실은 대통령의 연설문, 국무회의, 청와대 비서진 인사에 개입하고, 경제, 외교, 대북 관련 국가안보 기밀까지 관여해왔다. 국민이 선출한 대통령이 어떤 공직도 갖고 있지 않은 한 개인의 사욕에 휘둘리면서 청와대, 정부, 국민, 국가의 근간이 뒤흔들리는 지경에 이르렀다. 민주공화국의 근본을 허무는 현금의 사태의 모든 책임은 대통령 박근혜에게 있다.

이에 충남대학교 교수들은 요구한다. 박근혜 대통령은 즉각 대통령직에서 물러나라.

박근혜 대통령이 그 직을 유지하는 한 이 정부에서 발생한 사건의 진상규명이 제대로 이루어지기 어렵다. 또한 이번 최순실 사태에서 대통령 본인과 청와대가 수사의 핵심대상이다. 지금 박근혜 대통령이 해야 할 일은 제기되는 의혹에 대해 국민들 앞에 한 치의 거짓도 없이 진실을 밝히고 물러나는 것이다.

또한 충남대학교 교수들은 요구한다. 거국내각을 구성하고, 특검을 통해 수사하라.

국기문란 행위를 수사해야 할 검찰은 국민의 신뢰를 잃었고 대통령에 의해 임명되게 되어 있는 상설 특검은 부적합하다. 이 문제의 전모를 밝히기 위해서는 거국내각을 구성하고 그렇게 새로 들어선 법무장관과 국회에서 뽑은 별도의 특별검사가 대통령을 포함한 청와대의 혐의자들을 어떤 예외도 없이 수사하고 진실을 밝혀야 한다.

여야 정치권은 이러한 사태에 직면하여 각자의 정치적 이해득실을 따지고 대립할 것이 아니라 국가가 제대로 운영될 수 있도록 힘을 모아야 할 것이다. 독립적인 특검이 제대로 수사, 기소할 수 있도록 별도의 특검법을 마련해야 하고 동시에 청문회를 비롯한 국정조사에 즉각 나서야 할 것이다. 또한 국정운영의 공백을 막을 비상대책을 마련하고 국민들에게 제시해야 한다. 특히 새누리당은 책임이 크다. 최태민 일가에 의한 국정농단에 대한 경고는 이미 이명박 캠프에 의해 2007년도부터 제기된 바 있다. 따라서 새누리당 지도부는 그것을 미리 막지 못하고 방관해온 책임을 지고 국민 앞에 석고대죄 하는 자세로 협조해야 한다.

대통령의 정신이 다른 곳에 팔려 있는 동안 민생은 완전히 도탄에 빠지고 양식은 나락에 떨어졌다. 이런 비정상적 통치를 더 이상 방관할 수 없어 우리 교수들도 나섰다. 국가가 전대미문의 위기에 직면해 있지만 위기에 단결했고 의연했던 우리 국민이 있다. 국민의 의연함을 믿기에 박근혜 대통령의 하야를 요구하는 것이다. 다시 주장한다.

박근혜 대통령은 총체적 국기파괴 행위와 민주공화국의 근간을 무너뜨린 책임을 지고 그 직에서 물러나라!

2016년 10월 28일
홍익대학교 총학생회

대한민국의 민주주의는 어디로 가고 있는가.
우리는 최근 언론보도를 통해 청와대 비선실세 최순실이 박근혜 대통령의 국정운영 전반에 걸쳐 개입했음을 접했다. 대통령 연설문에서 시작해 주요 인사개입, 외교정책과 심지어 국가안보 기밀에 이르기까지 최순실이 국정 거의 모든 분야에 관여했다는 사실이 드러나면서 우리 대학생들은 황당함을 넘어 실소를 금치 못하고 있다. 국민이 투표로 선출한 대통령의 통치가 최순실을 비롯한 친목모임에서 결정되었다는 점에서 우리는 과연 대한민국이 국민이 주인인 민주국가가 맞는지 다시 묻고 싶다.

대통령은 책임지는 모습을 보여라. 사유화된 권력은 국정을 농단했고, 부정으로 돈을 모았다. 숨어 있던 권력이 민낯을 드러냈지만, 대통령은 아직도 짧은 녹화 사과와 책임 회피로 일관하고 있다. 일부 연설문과 홍보물에 도움을 받았다고 했지만, 하루도 지나지 않아 언론의 보도로 거짓임이 밝혀졌다. 대통령은 형식적인 사과와 변명으로 성난 민심을 달래려 하지 말고, 진정성 있는 사과와 함께 본인이 관련된 사실들을 털어놓음으로써 국민 앞에 책임지는 모습을 보여야 한다.

대학생들의 분노를 어떻게 할 것인가. 최순실의 딸, 정유라는 이화여대에서 입시유형 신설이라는 상상치도 못할 입학 특혜를 받았으며, 정유라 개인의 학점 보장을 위해 교육부까지 나서 국책사업에서 이화여대에 온갖 특혜를 몰아주었다는 정황은 미래를 위해 성실하게 노력해온 대학생에게 심한 허탈함을 안겨주었다. 대입경쟁에서 고통받고 있는 지금의 청소년들은 이것을 보고 어떻게 느낄 것이며, 치열한 학점경쟁에 고통받는 대한민국 대학생들은 이를 어떻게 받아들여야 한단 말인가.

우리는 대통령에게 요구한다. 선배들의 4·19혁명과 70년대의 민주화 투쟁, 그리고 80년대의 광주민중항쟁과 6월 민주항쟁으로 이어지는 민주학생운동의 이념을 계승한 우리 홍익대학교 학생들은 작금의 민주주의 붕괴를 규탄하고 사유화된 권력과 사회의 총체적 진실이 밝혀질 때까지 그 역할을 다할 것이다.

정말로 대한민국의 대통령이 국민의 대표이자 민주주의의 수호자라면 최순실의 국정농단, 국기문란에 대해 대통령이 책임을 지고 사퇴할 것과 밝혀지지 않은 의혹들을 특검을 수용해 명확히 할 것을 촉구한다.

2016년 10월 29일
경기도대학생협의회

'우리는 자랑스러운 대한민국의 청년이고 싶습니다.'

먼저 경기도대학생협의회란 경기도 내 대학(교) 총학생회 간의 정보교류와 일자리, 등록금, 주거 등 현안에 대해 함께 고민하고 해결방안을 함께 모색하고자 모인 대학생 단체입니다.

그러나 현재 대한민국의 헌정 사상 최악의 비선실세 최순실의 국정개입 사태의 심각성을 인지하고 대한민국의 민주주의 퇴보를 막고자 경기도대학생협의회 소속 대학 총학생회의 성명을 발표합니다.

영화와 같은 박근혜 정부의 최순실 게이트 관련 의혹들이 속속히 사실로 밝혀지고 있습니다. 박근혜 대통령은 '최순실 게이트' 사건으로 대한민국을 혼란에 빠지게 함은 물론이고, 인사권과 국정의 전반을 넘기는 등 국민들을 우롱하고 기만하는 행위를 일삼았습니다. 이는 명백한 국정농단이고, 국기문란입니다. 또한, 이러한 사실에 대해 사전녹화를 통한 1분 남짓의 진정성 없는 사과로 이 사태를 가볍게 넘길 수 있을 거라 생각하고 행동했습니다. 이에 경기도대학생협의회는 현 정부의 진정성 없는 사과에 유감을 표명하며, 청와대 비선실세 '최순실 게이트'를 강력하게 규탄합니다.

경기도대학생협의회는 대한민국 국민이자 대학생으로서 비선실세 국정개입을 묵과한 현 정권의 무능함에 대하여 다음과 같이 견해를 밝힙니다.

첫째. 경기도대학생협의회 소속 대학 총학생회는 대한민국 대학들의 시국선언에 대하여 동의하며 지지하는 바입니다.

첫째. 비선실세 국정개입에 연루된 당사자들을 철저히 수사하여 진상 규명을 요구합니다.

첫째. 위 수사과정을 국민에게 투명하게 공개할 것을 요구합니다.

박근혜 정부는 최순실의 국정개입 및 권력 비리에 대한 성역 없는 특검 수사를 통해 진상을 낱낱이 밝혀야 할 것이며, 국정농단으로 무너진 국민들의 신뢰를 회복하는 것이 현 정부의 마지막 책임입니다.

2016년 10월 29일
명지대학교 총학생회

우리는 꼭두각시가 되지 않고, 지성인으로서 당당히 목소리를 내겠습니다.
2016년 10월, 대한민국을 뒤흔드는 초유의 사태가 발생했다. 헌법적 절차에 따라 선출된 국민의 대표가 국정 운영에 있어 비선 실세의 적극적인 개입을 허용해왔다. 국민에게 권한을 위임받지 않은 사람이 국정 운영에 전반적인 개입을 한 일은 유권자의 한 사람, 국가의 주인으로서 참으로 비분강개할 일이다. 대통령의 국가 운영 지표와 어젠다를 담은 연설문에서부터 국방, 인사, 외교 등 분야를 막론하고 '최순실'의 흔적은 국정 곳곳에서 발견되고 있다. 이쯤 되면 박근혜 대통령이 '최순실'의 꼭두각시라는 비판에 공감하지 않을 수가 없다. 우리 명지인들도 대학생으로서, 이 사회를 살고 있는 한 국민으로서 믿기 힘든 시국에 대한 규탄의 목소리를 내고자 한다. 대한민국 헌법은 제1조 '대한민국은 민주공화국이다'와 '모든 권력은 국민으로부터 나온다'를 통해 신성한 민주공화국과 주권 재민의 가치를 제시하고 있다. 그리고 우리는 헌법의 민주적 절차 아래 대표자를 뽑고 그 대표자에게 우리의 권리를 이양한다. 하지만 작금의 사태는 이런 권리와 대한민국의 기본 가치를 우롱하고 있고, 대통령과 최순실, 관련 당사자들은 이의 심각성을 전혀 인지하지 못한 채 미온적이고 소극적인 태도로만 일관하고 있다. 하루가 다르게 새로운 의혹들이 쏟아져 나오는 상황에서 국민들의 신뢰를 이어가고, 허망한 마음을 위로해야 할 검찰, 정부, 여야 정치권이 보여주는 태도들은 국민들은 물론 우리 청년들에게 허탈함을 넘어 배신감을 주고 있다.

이에 명지대학교 학생들은 누군가에게 조종당하는 꼭두각시가 아닌, 이 시대의 젊은 지성인으로서 당당히 목소리를 내고자 한다. 우리는 최순실 게이트의 철저한 진상 규명, 박근혜 대통령과 관계자들의 향후 거취에 대한 확실한 입장 표명과 책임 있는 모습을 요구하는 바이다. 더 이상 국민을 우롱하는 90초짜리 사과는 원하지 않는다. 국민이 진정으로 궁금해 하고, 요구하는 것이 무엇인지를 분명히 파악해야 할 것이며, 국민들의 분노를 간과하는 일은 더더욱 일어나서는 안 될 것이다. 대한민국의 헌법을 수호해야 하는 막중한 책무를 가진 대통령으로서 지금의 대한민국 민주주의가 어떤 과정과 역사를 토대로 이룩된 것임을 잊지 말고 하루빨리 적절히 대응할 것을 촉구한다.

국가의사를 결정하는 최고의 원동력은 '국민'으로부터 나온다. 그렇다면 지금 일파만파 커지고 있는 비선 실세 국정 농단에 대한 확실한 의사결정이 필요한 시점이 아니겠는가? 단 한 번만이라도 '오로지 국민만을 위하겠습니다'라는 말을 실천하는 모습을 보여주길 요구하며, 대한민국을 위해서, 국민 전체를 위해 이성적이고 정상적인 사고와 결정을 촉구한다. 이 사회의 청년 지성인인 명지인으로서 이번 사태를 방관하지 않을 것이며 당당히 국민의 일원으로 이 시국에 임할 것이다.

다시금, 명지대학교 총학생회는 명지대학교 학우들을 대표하여 최순실 게이트 진상 규명과 박근혜 대통령 및 관계 당사자들의 엄중한 책임을 요구한다.

2016년 10월 29일
전남대학교 법학전문대학원 학생 일동

헌법과 민주주의의 적들은 이제 법의 심판을 받으라.

2012년 12월 19일, 국민이 뽑은 대통령은 최순실이 아니다. 5천만 국민의 환호와 아쉬움이 교차했던 그날, 국민에게 대표성을 위임받은 자는 대통령 박근혜였지 이름 모를 사인 최순실이 아니다.

우리는 꼭두각시를 뽑지 않았다.

지금 우리들이 마주한 진실은 부끄러움과 참담함, 깊은 분노로 우리 가슴을 칼로 헤집는다.

대통령 박근혜가 헌법이 부여한 책임과 권한을 최순실에게 사적으로 이양하고 허수아비 노릇을 했음이 명백히 밝혀졌다. 연설문의 작성뿐만이 아니라 인사에 개입하고 정책을 결정했으며 권력을 남용하여 기업들로부터 돈을 갈취했다.

대한민국 임시정부 수립으로 시작된 우리 헌정사는 민주주의와 법치주의를 지키기 위한 피의 역사였다. 일제의 침략으로 침탈된 주권을 찾기 위해 목숨을 초개와 같이 내던졌고, 독재와 권위주의를 타파하기 위해 4·19혁명을 일으켰다. 이곳 광주에서는 80년 5월 수천 명이 위법한 공권력의 행사에 피를 흘린 저항으로 지금의 헌법을 지켜냈다.

박근혜 정부는 국민과 불통했다.

재벌을 위시한 가진 자들을 비호하는 경제 정책만을 추진했고 수백 명의 생명이 바다에서 스러져도 국민과 같이 아파하지 않았다. 책임져야 할 사람이 책임지지 않고 망가진 국가 시스템은 여전히 복원되지 않았다. 이는 메르스 사태 때도 마찬가지였다. 굴욕적 위안부 합의를 통해 우리의 민족적 자존심을 짓밟았으며, 교과서 국정화를 통해 과거 독재정권을 미화하는 데에만 급급했다. 이를 책임져야 할 내각은 비전문적 비도덕적인 인사들로 채워졌다. 그 결과 민중의 삶은 피폐해졌고 좌절과 절망이 우리를 벼랑 끝으로 내몰았다.

그럼에도 불구하고 우리가 위 실정들을 감내하고 신뢰를 거둬들이지 않았던 이유는 우리 손으로 뽑은 대통령이었기 때문이다. 헌법과 법률에 의해 국민은 박근혜 대통령에게 민주적 정당성과 권한을 부여했고 그것을 거둬들일 때는 오로지 헌법에 대한 훼손과 유린이 발생할 때만이라 믿어왔다. 그러나 지금 헌법이 훼손되었다.

헌법 1조에서 천명한 국민 주권과 공화국의 이상은 말살되었고 헌법이 예정한 법치주의와 권력분립의 원칙이 유명무실해졌다. 헌정질서의 유린을 이제는 더 이상 묵과할 수 없다.

이에 우리 전남대 법학전문대학원생 일동은 모두에게 고한다.

하나, 대통령은 즉시 하야하라.

하나, 국회는 특검절차를 통해 엄중히 진실을 규명하고, 검찰은 권력의 시녀에서 벗어나 이제라도 후대에 부끄러움 없이 수사하라. 그리고 언론은 정권의 나팔수 역할을 중단하고, 국민의 진실요구에 응답하라.

하나. 우리는 헌법질서의 회복을 위해 민주주의가 부여한 마지막 의무를 이행하자. 이제는 행동을 위한 첫걸음을 떼야 할 때이다.

민주주의의 숭고한 역사는 우리에게 정당성을 부여한다.

2016년 10월 29일
한국예술종합학교 총학생회

이 땅의 민주주의를 위해 분노한다.

지난 25일 있었던 박근혜 대통령의 대국민 사과는 2분가량의 사전녹화 영상 내내 최순실의 비선실세 개입 정황에 대한 어떤 정당한 의혹도 해소하지 못했다. 오늘날 대한민국의 권력자와 그 하수인들에게 우리는 깊은 절망을 느낀다. 저들은 수치를 모르고 슬픔을 모른다. 우리가 살고 있다고 믿었던 민주주의 국가는 존재하지 않았다.

최순실이 대통령의 연설문을 사전에 검열하고, 정부정책 결정을 위한 비선모임을 가지며 외교와 안보, 경제, 인사에까지 손을 댄 사실이 여러 정황을 통해 밝혀지고 있다. 이는 단순한 대통령 측근의 권력 남용 수준을 넘어 명백한 반헌법적 행위이다. 쏟아지는 증언과 언론 보도들을 종합하면 최순실은 대통령의 뒤에서 그를 조종하며 국민들을 농락했다. 최순실의 딸 정유라를 비롯해 그 관계자들은 과도한 특혜를 누렸으며 기업과 재단이 연루되어 막대한 금액이 오고가기까지 했다. 이것이 박근혜 정부인가, 아니면 최순실 정부인가. 투표를 통해 선출된 한 나라의 수장이 임기 기간 내내 국민을 기만한 것이다.

한국예술종합학교 총학생회는 국립예술대학의 학생자치기구로서 현 사태를 좌시하지 않을 것이며 박근혜 대통령의 즉각 하야를 촉구한다. 또한 부패한 청와대 내부 인사들에 대한 철저한 조사 및 사퇴 역시 촉구한다. 기존 구조를 공고히 하던 그들의 결집은 완전한 해체와 재구성을 통해 그 뿌리를 뽑지 않으면 이와 같은 사태를 또다시 반복할 뿐이다.

박근혜 정권의 퇴진을 기점으로, 현 위기가 민주주의의 죽음이 아닌 또 다른 기회가 되기를 바란다. 국민의 신임을 배신하고 국민의 눈을 가리려 했던 자들은 반드시 책임을 져야 한다.

또한 우리는 스스로에게 질문한다. 우리의 의욕을 허물어트리는 비이성적 시국에 예술은 무엇을 해야 하는가. 이 상황에서 예술은 어떻게 목소리를 내며 희망으로서 작용할 수 있는가. 우리는 이 땅에 살아가는 예술인으로서 끝없는 고민과 발언을 통해 부끄럽지 않은 길을 걷겠다.

2016년 10월 29일
한양대학교 법학전문대학원 학생 일동

국민의 신뢰는 사인의 "신의"에 우선한다.

우리는 권력의 위임이 국민의 신뢰에 기초한다고 배웠습니다. 그리고 민주정부는 그 신뢰 위에서야 비로소 온전히 서 있을 수 있는 것이라고 배웠습니다. 우리들 중 많은 사람들이 4년 전 투표장에 섰습니다. 누구를 지지했는지는 중요하지 않습니다. 다만 우리는 표를 행사함으로써 그 결과에 승복하기로 하였습니다. 그렇게 우리는 당신에게 우리의 이름을 빌려주었습니다. 그리고 그로 인해 부여된 힘을 우리 공동체를 위해 사용할 것을 명령하였습니다.

그런데 지금의 이 참담한 작태들은 무엇입니까? 대통령은 국민의 이름을 빌어 행사하는 권한을 사유화하고, 앞장서서 정부 조직의 기강을 파괴했습니다. 대통령의 '친구'들은 그의 그림자 뒤에 숨어 기업의 돈을 뜯고, 승마협회와 대학에 부당한 영향력을 행사하며, 거기에 방해가 되는 공무원들을 갈아치웠습니다. 아무런 권한 없는 이가 국가의 예산 편성을 두고 전횡을 부리고 인사에 개입하였으며, 더 나아가 국민의 안위와 생명에 직결되는 외교 연설문에까지 모든 전문가들의 판단을 제치고 관여하였습니다. 정책 결정에 반영되어야 할 최소한의 합리성은 그 과정에서 티끌만한 가치도 인정받지 못했습니다. 올곧은 사람들은 그 직을 잃어야 했고, 의혹을 제기하는 사람들은 미친 자로 취급받아야 했습니다.

모든 것이 백주에 밝혀지고 나서야 우리는 지난 4년간의 수많은 잡음들의 진정한 의미를 이해하게 되었습니다. 우리가 대통령직을 수행할 것이라고 믿고 선출했던 사람은 직무에 대한 이해도도, 책임을 질 만한 능력도 갖추지 못한 사람이었습니다. 그리고 그 밑에서 직을 보전하던 이들은 모두 진실을 외면하고 있습니다. 모든 것이 밝혀지고 있는데도 그들이 쏟아내는 것은 면피용 거짓말과 비겁한 변명뿐입니다. 참혹합니다.

최순실의 국정농단은 민주주의 공화국에서 일어날 수 있는 최악의 국헌문란 사건입니다. 선출되지 않은 자가 모든 선출된 권력 위에 군림하고 있습니다. 앞선 세대가 일궈낸 민주주의와 입헌주의, 법치주의의 이념은 사인의 신의와 친분 속에서 그 가치를 부정당했습니다. 우리는 이제부터라도 이 모든 잘못을 바로잡아야 합니다. 저 거짓 지도자가 더 이상 우리의 이름을 참칭하는 것을 허용해선 안 됩니다.

우리는 다음과 같이 요구합니다.

하나. 박근혜 씨는 더 이상 대통령직을 참칭하는 것을 그만두고 하루 속히 사인의 지위로 돌아가라.

하나. 만약 박근혜 씨가 하야하지 않는다면, 국민의 대표자인 국회는 속히 탄핵 절차에 돌입하라.

하나. 이 모든 국헌문란 사태에 대한 엄정한 수사가 있어야 하며 여기에는 어떠한 특권도 인정되어서는 안 된다.

우리는 시민들과 함께 이 모든 비정상의 정상화를 위해 진력할 것입니다.

2016년 10월 30일 연중 제31주일,
부산가톨릭대학교 신학대학 신학생 85인

"교회는 정의를 위한 투쟁에서 비켜서 있을 수 없으며 그래서도 안 됩니다"(복음의 기쁨, 183항).

"기쁨과 희망, 슬픔과 고뇌, 현대인들 특히 가난하고 고통 받는 모든 사람의 그것은 바로 그리스도 제자들의 기쁨과 희망이며 슬픔과 고뇌이다"(사목헌장 1항).

가톨릭교회는 교회 공동체가 인간과 인간이 형성하는 사회 공동체에 긴밀히 결합해야 한다고 강조합니다. 그러기에 교회는 사회가 가지고 있는 문제와 그에 긴밀히 연관되어 있는 사람들의 삶을 외면할 수 없습니다. 따라서 역사 속에서 교회는 끊임없이 '시대의 징표'를 찾고자 노력해왔습니다. 왜냐하면 "그것이야말로 하느님께서 말씀하시는 방법이고 구원 역사를 설명하는 섭리의 증거이기 때문입니다"(교황청 훈령, 일치와 발전 122항).

이는 교회의 핵심 직무 중 하나인 예언자직의 수행입니다. 복음을 선포하고 이를 삶으로 실천하는 예언자직 수행을 통해, 교회는 구체적인 삶의 자리(Sitz im Leben) 안에서 하느님 나라를 실현시키고자 노력합니다. 우리는 우리 신앙의 선배들이 역사의 구체적인 순간 안에서 복음의 정신을 실현하기 위해 노력했던 순간들을 기억합니다. 하지만 오늘날 시대에 우리의 모습은 이에 턱없이 부족함을 고백합니다. 거짓 평화를 위한 침묵과 무관심의 유혹과 마주해야 했던 우리의 현실을 직시합니다. 2000년 전 표징을 요구하는 바리사이와 율법학자들을 향한 "너희는 하늘의 징조는 분별할 줄 알면서 시대의 표징은 분별하지 못한다"(마태 16, 3)라는 예수님의 대답이 오늘날 우리에게 향하는 따가운 말씀임을 겸허하게 받아들입니다.

요즘 국가에 펼쳐지는 수많은 의혹들은 우리가 살고 있는 이 나라가 민주주의 국가인가에 대한 의문을 지울 수 없게 만듭니다. 사건들을 일일이 열거하지 않더라도 많은 국민들은 국가의 정체성과 안위에 대해 걱정과 염려를 내려놓을 수 없습니다. 하루가 멀다 하고 발견되는 의혹과 비리들, 그리고 투명하게 해명되지 못하는 일련의 과정들은 국민들을 끝없는 절망과 분노의 나락으로 떨어뜨리고 있습니다.

특별히 우리의 선택으로 구성되었다고 굳게 믿는 국가 권력 시스템의 근원에 대한 염려는 사회 전체의 근간을 흔들 수밖에 없습니다. 민주주의(Democracy)라는 말 자체가 의미하듯 우리나라의 모든 정치적 권력은 특정 몇몇에서 산출되는 권력이 아니라, 모든 시민(Demos)에게서 나오는 권력(Cratos)이기 때문입니다. 이 믿음이 흔들리게 된다면 어느 누가 국가를 믿고 자신의 삶을 영위해나갈 수 있겠습니까?

이처럼 많은 국민들은 이러한 상황이 '불의'하다는 것을 인식하고 바로잡아 나갈 것을 끊임없이 요구합니다. 이러한 문제들은 단편적으로 끝나지 않습니다. 우리는 우리의 귀로 들었고 눈으로 목격했습니다. '불의'한 현실에 맞서 인간의 존엄과 올바른 사회정의 구현을 위해 외치던 목소리, 과도한 공권력 행사에 의해 피 흘리고 다치는 사람들, 불의한 사회구조로 인해 핍박하고 고통 받는 이들…. 이러한 상황이 계속 이어진다면 결국 '목소리조차 내지 못하는 이들의 소리'(Voice of voiceless)는 더욱 묻힐 수밖에 없습니다. 세상 속에서 복음의 빛을 구현하고자 노력하는 가톨릭교회 역시 이에 자유로울 수 없습니다. 왜냐하면 "우리의 구원은 사회적 차원을 지니고 있습니다. 하느님께서는 그리스도 안에서 개별 인간뿐만 아니라 사람들 사이의 사회적 관계도 구원하시기 때문입니다"(복음의 기쁨, 144항).

우리는 2014년 교황님께서 방한하셨던 그 감동의 순간을 기억합니다. "이 나라의 그리스도인들이 사회의 모든 영역에서 정신적 쇄신을 가져오는 풍성한 힘이 되기를 빕니다"(성모승천대축일 강론). 이러한 뜻에 맞갖게 이제는 미래의 사목자의 길을 준비하는 우리 신학생들이 마음을 모아 한목소리를 내고자 합니다.

따라서 우리는 복음의 정신과 교회의 가르침에 따라 다음과 같이 요구합니다. 첫째, 국정운영의 책임자인 대통령에게 이에 알맞은 진심 어린 사과와 후속조치를 취할 것을 요구합니다. 더불어 인간 존엄성과 양심에 걸맞은 본인의 행동이 무엇일지에 대해 숙고하여주시고 구체적인 행동을 취해주십시오. 대통령과 함께하는 행정부 각료와 관련된 모든 이들에 대한 쇄신이 필요합니다.

둘째, 국민의 대표인 국회에 요구합니다. 이번만큼은 당리당략을 떠나 초당적인 협력으로 진상규명을 위해 힘써주십시오. 입법부다운 모습을 보여주십시오. 거국내각의 구성 추진이나 특별법 제정, 특검 제도 등과 같은 모든 필요한 제도를 통해 이번 사건에 대한 국민들의 의혹을 해소하는 데 앞장서주십시오.

셋째, 사법부에 요구합니다. 법의 이념인 정의, 합목적성, 법적안정성에 부합하는 성역 없는 수사와 판단을 해주십시오. 명분 쌓기와 허울뿐인 수사는 멈추어주십시오. 법이 추구하는 양심에 따라 투명하게 모든 것들을 밝혀주십시오.

가톨릭교회는 전통적으로 11월을 위령성월로 지내며 죽은 이들을 위하여 기도합니다. 특별히 부당한 공권력과 억압적 사회구조로 인해 발생한 수많은 억울한 죽음들을 기억합니다. 우리들은 "그리스도인의 선포와 삶은 사회에 영향을 미쳐야 합니다"(복음의 기쁨 180항)라는 교회의 가르침을 실현하기 위해 끊임없이 함께 고민하고 연대할 것입니다.

2016년 10월 30일
안동대학교 총학생회

2016년 현재, 박근혜 정권의 헌법 제1조에 다음과 같이 명시되어 있을 것이다. "대한민국 주권은 국민에게 있고, 모든 권력은 최순실로부터 나온다."

모든 것이 폭로되었다.

2012년 대선, 과반수의 국민이 박근혜에게 대통령의 권한을 주었다.

하지만 2016년 현재, 대한민국은 듣지도 보지도 못한 '최순실'이라는 여자에게 휘둘리고 있었다. 이것뿐만이 아니다. 정운호, 홍만표, 우병우 게이트 사건으로 박근혜 정부에 대한 국민의 신뢰는 바닥까지 떨어진 현재 '최순실 게이트'라 불리는 비선 실세, 보이지 않는 최고 권력의 존재가 국민 앞에 낱낱이 폭로된 것이다.

박근혜 정권이 시작되기도 전부터 현재까지 외교, 국가 안보, 연설문 등 국가 기밀에 최순실은 깊게 관여되어 있었다.

헌정 사상 최악의 국정 농단 사건으로 대한민국 헌법의 근간이 흔들렸다. 대한민국의 모든 국민이 분노하고 있고, 좌절하고 있다.

우리는 배워왔지 않았는가. 우리가 살고 있는 대한민국은 노력을 배신하지 않는 나라라는 것을.

하지만 왜, 배워왔던 것과 달리 반칙과 특권이 난무하는 비정상적인 사회를 직면하게 되는 것인가.

우리는 분노했다.

우리가 배워왔던, 공정할 거라던 사회가 부정 특권세력 최순실의 말 한마디에 흘러가는 사회였다는 사실은 우리 안동대학교 학생들을 분노하게 했다.

건국 이래 최악의 취업난을 겪고 있는 현재, 우리 안동대학교 학생들은, 지식과 지혜를 얻기 위해, 취업을 위해 열심히 공부하며 능력을 쌓고 있다.

그러나 최순실의 딸은, 우리 학생들을 비웃기라도 하듯, 입시 특혜, 성적 특혜 등 호화로운 생활을 한 사실이 언론을 통해 드러났다.

진정 이러한 상황을 바라보는 우리는 '시국'이라 칭하지 않을 수 있겠는가.

우리는 일어나야 한다. 비리와 특권이 난무하는 비정상적인 정권에 우리는 분노해야 한다.

25년 전, 1991년 5월 1일. 바로 이곳에서 시작된 민주 항쟁에서 고故 김영균 열사는 자신의 온몸을 뜨겁디 뜨거운 불에 던지시어 대한민국의 민주화를 앞당겼다. 우리 안동대학교는 뜻 깊은 역사의 진실로 남아 있는 고故

김영균 열사의 희생을 헛되이 되게 해선 안 될 것이다.

오늘의 시국선언은 의지할 곳이 사라진 이 사회에 대한 통탄한 심정으로 선언하는 자리다. 나아가 박근혜 정권 및 최순실에 대한 엄중한 경고의 자리이다.

이러한 시국에 대해 안동대학교 총학생회는 선언한다.

하나. 국민을 기만하고 이 시국을 일으킨 박근혜 대통령은 비선 실세 국정농단 사태를 제대로 책임져라.

하나. 최순실은 수사에 거짓 없이 협조하여 분노하는 대한민국에 진심으로 사과하라.

하나. 최순실을 비롯한 관련 인물들 모두에게 성역 없는 수사와 처벌을 촉구하라.

2016년 10월 31일
(사)재외동포언론인협회

이번 사건은 참혹한 국격의 파괴다.

우리의 조국 대한민국에서 벌어진 사상초유의 국정농단 사태를 지켜보면서 우리 재외동포 언론인들은 참혹한 심정을 지울 수 없다.

차라리 무능과 부패로 인한 파탄이라면, '내 어머니가 나병환자라 해도 나는 내 어머니를 사랑하겠다'는 어느 시인의 고백처럼, 비통한 심경을 삼키며 참아낼 수 있다.

그러나 이번 사건은 대한민국 주권이 국민에게 있음을 무시하고 국민이 위임한 국가 통치권을 사유화한 사상 초유의 국기문란사건이다.

더불어 세계 각국에서 활동하는 우리 재외동포 언론인들은 이번 사건을 '국격 파괴 사태'로 규정한다.

이번 사태는 일개 개인이 국정을 농단한 문제에 그치지 않는다. 우리는 특정인의 국정 개입도 문제지만, 국가운영 시스템이 비선실세에 의해 너무나 쉽게 붕괴됐다는 사실에 주목한다. 더욱이 외교·통일·안보·국방문제 등의 국가기밀이 유출됐다는 사실은 한 나라의 국제관계를 유지하는 시스템마저 무너졌음을 나타내 더 큰 충격을 주고 있다. 참혹한 국격의 파괴다.

이로 인해 대한민국의 외교적 영향력과 위신은 이미 중차대한 위기에 놓여 있다고 해도 과언이 아니다. 무너진 국가의 위상이 고스란히 남북관계와 국제 외교관계에 영향을 미칠 것임은 불을 보듯 자명하다.

대한민국의 국격은 750만 해외동포들의 든든한 버팀목이다. 국가의 권위와 질서가 만신창이가 된 순간, 해외 한인들의 자존감은 처참하게 짓밟혔다. 전 세계 주류 언론이 하루가 멀다 하고 쏟아내는 '최순실 게이트' 기사로 인한 수치심은 오롯이 한인 동포들의 몫이 되고 있다. 국가 위엄의 상실이다.

이에 재외동포 언론인들은 대통령을 포함한 관련자들의 성역 없는 수사로 이번 사태를 둘러싼 모든 의혹들을 명명백백하게 밝히고, 국가 규범을 어긴 자에 대한 엄중한 처벌과 투명한 진상규명을 통해 후퇴한 민주주의를 바로 세우고 실추된 국가의 명예를 일으켜 세울 것을 강력히 촉구한다.

이를 위해 재외동포 언론인들은 국민 주권의 붕괴는 곧 민주주의의 붕괴임을 직시하고, 부패권력에 대항하는 국민적 함성의 열망을 적극 지지하며, 대한민국 민주주의 수호를 위해 어떤 순간에도 결코 펜을 놓지 않을 것임을 천명한다.

2016년 10월 31일
꽃동네대학교 총학생회

우리가 바라던 '대한민국'은 어디에 있는가?

대한민국 헌법 제1조 2항에는 '대한민국 주권은 국민에게 있고, 모든 권력은 국민으로부터 나온다'고 명시되어 있다. 하지만 국민의 주권을 전제로 한 정부의 국가 통치는 어느새 국민 주권의 부재와 '최순실'이라는 한 사인의 무단통치로 변질된 암울한 국사를 여지없이 보여주고 있다.

지난달부터 국정감사 및 언론을 통해 밝혀진 최순실의 딸 정유라의 특례 입학과 비정상적인 학사특례를 시작으로 대통령 연설문, 국무 회의 자료와 같은 청와대 내부 문서를 공식 발표보다 먼저 받아 보고 직접 수정까지 하는 최순실의 국정농단은 민주공화국에서 절대 일어날 수 없는 일이다. 대한민국의 기본이념인 민주주의의 발달사에 있어서 퇴보로 보이는 현 시국은 대한민국 모든 국민에게 실망감과 정부에 대한 회의감을 안겨주었고, 국민들의 신뢰를 처참히 짓밟는 비선실세의 국정을 보이면서 국민들은 이에 강하게 분개하고 있다.

이러한 사실에 대하여 수많은 의혹을 은폐하려고 했던 현 정권은 결국 모 방송사의 끈질긴 취재로 인해 '최순실'이라는 한 개인이 국정 운영에 개입했다는 사실을 일부분 인정하고 사과했다. 하지만 대통령 사과문에서 국민을 향한 진심 어린 사과가 담겨 있는지에 대해서는 강한 의문이 든다. 대통령을 조종하는 초법적인 비선조직에 의해 국정이 좌지우지되었다는 사실은 국민을 기만하고 무시한 행위임이 틀림없으며, 우리는 이에 개탄을 금치 않을 수 없다.

검찰은 최순실 게이트와 관련된 성역 없는 수사를 신속, 명확하게 진행하고 철저하게 진실을 규명해야 한다. 현 정권은 국민을 기만하고 배반한 행동에 대해 국민의 심판을 받아 마땅하며, 현 사태에 대한 모든 잘못을 인정하고 마땅히 물러나야 할 것이다.

도대체 우리가 바라던 '대한민국'은 어디에 있는가?

우리는 지식인, 대학생으로서 더 이상

이 시대의 불의와 부조리에 외면할 수 없다.

작지만 강한 우리의 외침에 응답하지 않는다면,

우리의 외침과 행동은 계속될 것이다.

2016년 10월 31일
대통령 박근혜의 하야를 촉구하는 경상대학교 교수 219인

국정 농단을 방조하고 헌정 질서를 유린한 박근혜 대통령은 즉각 하야하라!

대통령은 국민이 위임한 권력을 무책임하게도 검증되지 않은 일개인에게 위임함으로써 국민을 배신하고 국가를 혼란에 빠뜨렸다. 대통령은 연설문 하나도 승인을 받아야 하는 권력의 2인자를 자처함으로써 국가를 통치할 능력이 없음을 스스로 입증하였다. 대통령은 최순실이 호가호위하며 국정을 농단할 때에도 오히려 그를 감싸며 동조함으로써 사태를 이 지경에 이르게 한 책임이 막중하다.

우리는 박근혜 대통령 재임기간 동안, 국가 채무의 기하급수적 상승, 세월호 침몰로 인한 295명 사망, 역사 교과서 국정화, 위안부 졸속 협상 등을 목도하면서, 대통령의 무능력, 무책임, 몰역사 의식으로 인해 그동안 많은 국민들이 극심한 고통을 겪어 왔음을 잘 알고 있다.

그뿐인가? 대통령은 대학의 자율적 선거를 방해하고 대학 구성원의 선출 순위와 무관하게 자신의 입맛에 맞는 사람을 총장으로 임명하는 해괴한 짓을 벌여왔다. 급기야 최순실의 딸 한 명 때문에 대학의 입시, 학사 제도가 무너지고 선의의 피해자가 양산되는 사태까지 벌어졌다. 우리는 대학 자율성 훼손의 주범이 대통령인 줄 알았으나 최순실임을 최근에서야 알게 되었다. 또한, 대통령이 자신의 연설문을 자격과 능력이 검증되지 않은 자에게 수정·승인받고 심지어 외교와 안보 관련 기밀문서들까지 유출시켰다는 사실에 우리는 경악을 금할 수 없다. 단지 대통령과 친분이 있다는 이유로 일개인이 나라를 좌지우지하는, 봉건시대에서도 상상할 수 없을 법한 일이 21세기 지금 대한민국에서 벌어지고 있는 것이다. 이러한 전대미문의 국정 농단 사태에 대해 전 국민의 분노와 탄식의 목소리가 온 나라를 뒤덮고 있다. 대통령이 민주주의에 대한 철학이 없다는 것은 이미 알려진 바이지만, 작금의 사태를 통해, 통치능력과 자격조차도 없다는 것이 백일하에 드러났다. 대통령은 근 4년여 재임기간 동안 아무런 자격과 책임도 없는 일개인이 국정을 농단하도록 한 것에 책임을 지고 대통령직에서 물러나야 한다. 또한, 추악한 비리를 저지르거나, 이를 수수방관한 측근들과 함께 준엄한 법의 심판을 받아야 할 것이다. 그것이 그동안 국민을 배신하고 국정을 혼란에 빠뜨린 데 대해 국민에 대한 최소한의 도리일 것이다.

2016년 10월 31일
대한민국의 헌법질서와 미래를 걱정하는 한양대 교수 64인

박근혜 대통령의 퇴진을 준엄히 요구한다.

지금 대한민국은 총체적 위기에 처해 있고 봉건 왕조시대보다 못한 정치가 자행되고 있다. 왕조시대에도 언관과 사관이 있고 외척과 간신일지라도 최소한 공직에 있는 사람들과 의논했거늘, 박근혜 대통령은 아무런 공직에도 없는, 그것도 주술적 사고를 하는 민간인에게 대통령 권한을 넘겼다. 국민이 권력을 부여하지 않았건만, 비선실세 최순실은 대통령의 연설문, 국무회의, 고위직의 인사에 관여하고 국가기밀을 보고받았으며, 권력을 등에 업고서 자녀를 부정입학시켰고, 기업을 겁박하여 재단을 설립하여 사익을 추구하였다. 이는 대통령 스스로 통치권을 포기한 것이자 헌법과 실정법을 위반하는 중대한 범법행위를 행한 것이다. 최순실이 조언한 것을 넘어서서 대통령을 조종하고 이에 아부하는 이들이 어우러져 이 나라의 정치, 경제, 사회문화의 전 분야에 걸쳐 국정을 농단했다는 사실에 우리는 충격과 분노를 넘어 자괴감과 참담함을 금할 수 없다. 더구나 그 비선실세의 무리에 우리 학교를 비롯하여 여러 대학의 교수 출신들이 있다는 사실에 심한 부끄러움을 느낀다. 최순실로 빚어진 이번 사태는 헌정사상 최악의 국기문란이자 국정농단이다.

대통령이 비선실세에만 의존하고 국민과는 전혀 소통하지 않으면서 대한민국은 총체적 난국과 위기에 처해 있다. 세월호에서 모두 살릴 수 있는 304명을 정권의 부패와 부조리로 수장시키고도 핵발전소 사고 등 대참사가 발생할 수도 있는 극도의 위기상황임에도 전혀 안전대책을 마련하지 않고 있다. 생명을 살리는 일에 평생을 바쳐온 백남기 농민을 국가폭력으로 죽이고도 사과는커녕 물타기에만 골몰하고 있다. 오로지 1퍼센트 편에서서 전 국민을 압박하여 해고를 일상화하고 노동자의 절반을 비정규직으로 전락시키고도 모자라 노동개악을 강행하고 있다. 시대를 유신독재로 퇴행시켜 역사교과서 국정화를 단행하였다. 일본 제국주의 군대에 강제로 끌려가 반인도적 범죄의 희생이 되었다가 생존하여 귀향한 위안부 할머니들의 가슴에 단돈 몇 푼의 밀실야합으로 '불가역적인 대못'을 박았고, 3·1운동과 대한민국 임시정부의 법통을 이어받은 대한민국의 정체성을 심각하게 훼손하였다. 경제도 사실상 공황상태에 이르렀다. 가계부채가 1300조에 육박하고 중소기업에 이어서 대기업이 부도가 나고 매년 평균 80만

명의 자영업자가 폐업하고 청년이 일자리 없이 거리를 떠도는 데도 오히려 상황을 더욱 악화시키는 정책만 고수하고 있다. 국회의 동의도 없이 막대한 경제적, 외교적 손실이 명약관화함에도 사드배치를 강행하고, 개성공단을 폐쇄하고 북한을 힘으로만 압박하여 한반도에 전쟁위기를 한껏 고조시키고 있다. 문화융성을 한다면서 나치처럼 문화예술인의 블랙리스트를 작성하여 관리하였다. 언론과 인터넷을 통제하고, 이것으로도 모자라 정권에 대한 정당한 비판에 대해서도 색깔론과 종북론으로 매도하여 민주주의의 토대인 공론의 형성 자체를 봉쇄하고 있다. 이 통에 대한민국의 시계는 유신독재 시대로 퇴행하고 시민과 학생들이 피를 흘려 이룩한 민주주의는 형해화하였다.

대통령을 탄핵할 근거는 차고도 넘친다. 우리 국민 어느 누구도 최순실에게 권력을 부여하거나 위임하지 않았다. 일개 민간인이 대통령을 조종한 사안은 국민이 직접선거를 통해 대통령을 선출하고 헌법적 권한을 위임한 주권재민원칙(헌법 제1조 제2항)과 대통령에게 권력을 위임한 대통령선거제도(헌법 제67조)를 위반한 것이다. 대통령이 중요한 국정 문서를 민간인과 공유하고 사전에 검토까지 받은 것은 '대통령 기록물 관리에 관한 법률' 위반이자 '공무상 비밀 내지 국가 기밀 누설죄'에 속한다. 모든 권력이 대통령 1인에게 집중되어 있고 최순실의 조종 여부와 관계없이 직접 만기친람萬機親覽하였기에 국가를 위기와 혼란으로 내몬 모든 책임은 전적으로 박근혜 대통령에게 있다.

우리는 지식인으로서 현금의 사태를 냉정하게 직시한다. 대통령의 탄핵이나 하야가 또 다른 혼란을 불러올 수 있다는 이유로 이를 거두자는 의견도 있다. 하지만, 이 모든 혼란과 위기의 본체이자 책임자가 바로 박근혜 대통령 본인이다. 국민에 의하여 선출되거나 국법에 따라 임명된 적도 없는 비선실세인 최순실에게 국정을 맡겨 대통령 스스로 통치를 포기하였을 뿐만 아니라, 연이은 참사와 위기에서 대통령은 스스로 통치를 할 능력이 없음을 국민들 앞에 여실히 보여주었다. 대통령이 취임식에서 가장 먼저 행하는 것이 헌법을 수호하겠다는 선서인데 박근혜 대통령은 민주공화제의 헌법을 파괴하였다. 무엇보다도 1퍼센트만을 위하며 대다수 국민을 생존위기로 몰아넣었고 많은 국민들로 하여금 대한민국에 산다는 것을 부끄럽게 만들었으며, 모든 청년과 노동자에게서 희망과 미래를 앗아갔다. 이에 박근혜 대통령의 퇴진은 너무도 당연한 귀결이다.

우리는 박근혜 대통령이 국민 앞에 낱낱이 진실을 고백하고 하루라도 빨리 자진해서 하야한 후 수사를 받을 것을 준엄히 요구한다. 검찰과 경찰은 더 이상 식물 대통령의 꼭두각시가 되는 것을 거부하고 국민의 이름으로 청와대와 최순실 및 모든 관련자들에 대하여 성역 없이 철저히 수사할 것을 강력히 요구한다. 우리는 한 개인의 퇴진으로 혼란이 수습되고 이 나라가 달라지리라 생각하지 않는다. 부와 권력을 독점한 채 온갖 부패와 부조리와 권력남용으로 선량한 국민들을 죽음이나 생존위기로 몰고 민주주의를 사문화한, 자본-정권-사법부-보수언론-종교지도자-어용지식인 및 전문가집단의 카르텔로 이루어진 권력층을 교체하고 이를 뒷받침한 온갖 제도와 시스템 자체를 개혁해야 한다. 야권과 진보진영이 이 권력층의 교체에 목표를 두고 여소야대의 국회, 여권의 정당성과 헤게모니 상실, 국민의 들불과 같은 분노와 저항의 분위기를 활용하여 검찰개혁, 정치개혁, 재벌개혁, 언론개혁을 추진할 것을 요청한다.

1. 국민이 위임해 준 통치권을 사유화하고 비선실세에 넘긴 박근혜 대통령은 퇴진하라!

2. 검찰은 국민의 이름으로 성역 없이 수사하여 진상을 밝히고 관련자들을 사법처리하라!

3. 야권과 진보진영은 권력층 교체와 개혁을 추진하라!

2016년 10월 31일
덕성여자대학교 총학생회

국정농단, 민주주의 파탄 박근혜 정권 퇴진하라!

박근혜 정권 4년, 우리는 대한민국 헌법 역사상 믿기 어려운 초유의 사태를 겪고 있다. 국민들은 깊은 분노와 상실감으로 이 정권의 실체를 목도하고 있다. 최근 연이은 언론보도를 통해 최순실이 대통령의 연설문과 국무회의 자료를 받아 수정하는 등 정권 내부에 개입한 상황이 드러났다. 뿐만 아니라 독도 문제, 위안부 문제와 같이 예민한 문제에 '미소로 대응하라'고 대통령에게 조언했다. 민감한 외교, 국가안보에 관련된 부분에도 최순실의 입김은 깊숙이 자리하고 있었다.

최순실의 자녀 정유라가 이화여대에 부정입학하고, 온갖 학사 특혜를 받았다는 사실은 빙산의 일각에 불과했다. 최순실은 박근혜 정권의 특혜로 민간재단을 설립하여 재벌들에게 수백억을 받아내고 자신의 잇속을 채웠다. 뿐만 아니라 마치 자신이 대통령인 양 정권을 뒤에서 조종하고 있었다. 2012년 18대 대선을 통해 국민들로부터 권한을 부여받은 박근혜 대통령은 지난 10월 25일 대국민 사과를 통해 스스로 최순실의 국정개입에 대해 인정하였다. 이는 곧 '대통령 기록물 관리에 관한 법률'과 '공무상 비밀누설죄'를 저질렀다는 것을 인정하는 것이다. 현 정권이 국민 주권을 무시하고 민주주의를 파탄 낸 현 사태에 대해 진정성 없는 사과로 넘어가서는 안 될 일이다. 대통령을 비롯해 이 사건에 관련 있는 모든 사람들을 성역 없이 조사하여, 그들이 저지른 비리를 끝까지 파헤쳐 법의 심판을 받게 해야 한다. 숱한 굴곡을 겪어온 대한민국의 역사 중 그 어떠한 정권도 비선실세가 이토록 깊숙이 관여하여 국정을 농단하고 국민을 기만하는 일을 저지르진 않았다. 이에 우리는 분노를 금할 길이 없다. 사과는 필요 없다. 우리는 박근혜 정권에게 퇴진을 요구한다.

우리는 4·19혁명, 6월 민주항쟁 당시 선배들이 흘렸던 피가 지금의 우리에게 민주주의를 안겨주었다는 것을 알고 있다. 우리는 현 사태를 민주주의의 큰 위기라고 인식하고 있다. 또한 이 모욕적인 상황을 결코 좌시하지 않을 것이다. 우리 덕성은 독립운동가 차미리사 선생님의 정신을 이어받아 늘 '일치단결 민주덕성'이라는 기치 아래 시대의 부름에 응답하였다. 지금 시대의 목소리는 박근혜 정권의 퇴진을 말하고 있다. 우리 덕성은 그 부름에 응답하여 끝까지 정권의 퇴진을 위해 싸워나갈 것이다.

2016년 10월 31일
부산외국어대학교 총학생회

대한민국이 거세게 요동치고, 국민들은 혼란에 빠졌다.

대한민국 헌법 제1조를 전면적으로 유린하는 일이 일어난 까닭이다. 마땅히 민주주의를 수호하여 국민의 권익을 보호할 의무가 있는 대통령이 국가의 근간을 흔드는 사건의 중심에 있었다. 참혹하게도 연설문, 인사결정, 외교정책, 심지어는 국가안보기밀에 이르기까지 전반적인 국정운영에 자격이 전무한 개인이 개입해 있다는 사실이 연이어 밝혀지며 비선실세의 국정농단에 관한 증거들이 속출하고 있다. 대체 어떠한 표현으로 이 참담함을 담아낼 수 있단 말인가? 이제는 더 이상 방관할 수 없다.

지금, 대한민국의 민주주의는 처절하게 붕괴되었다.

대통령은 대한민국의 원수로서 국민으로부터 주권이 위임된다. 그 책임은 실로 막중하며 주권은 국민을 위해 올바르고 신중하게 발휘되어야 한다. 하지만 박근혜 대통령은 국정운영의 중대한 사안들을 최순실이라는 한낱 개인에게 위임해버리는 무책임한 행보를 보였고, 대국민 사과라며 보인 짧막한 녹화영상은 소통이 아닌 일방적인 통보였다. 명백한 국기문란과 국가의 근간을 농락한 국가원수의 어이없는 대처에 개탄을 금할 수 없다.

우리 외성인은 외친다.

박근혜 대통령은 더 이상 안하무인의 자세로 국민을 괄시해서는 안 된다. 당신이 국민보다 우선시한 비선실세에 의해 야기된 국정파탄과 국기문란의 책임에서 벗어날 순 없다. 형식상의 사과가 아니라 민주주의를 배신한 행위가 어떠한 의미를 갖는지 뼈저린 통감을 하고 책임져야 한다. 그리고 아직 밝혀지지 않은 부정들을 성역 없는 특검을 통해 파헤치고, 인적쇄신의 자세로 무너진 민주주의의 회복을 위해서 책임을 다할 것을 촉구한다.

헌법을 부정한 국정 농단 사태를 규탄한다.

권력의 부패 앞에 대한민국의 공정성은 사라졌다.

10월 이화여대의 투쟁 과정에서 밝혀진 정유라 사태는 이 나라 국민에게 큰 분노를 일으켰다. 최순실과 그의 딸 정유라가 박근혜 대통령의 비선실 세로서 휘두른 권력 앞에 모든 절차와 기준이 무너진 정황이 공개되었기 때문이다. 정유라에게 주어진 특혜는 국민에게 박탈감과 분노를 안겨주기에 충분했다. 부패한 권력 앞에 이 나라에는 어떠한 공정한 절차도, 형평성 있는 기준도 존재하지 않았다. 우리는 이와 같은 권력형 비리, 특혜가 공공연하게 벌어지고 있는 이 사태에 분노하며 강력히 규탄한다. 특검을 통한 수사를 통해 진실을 밝히고 처벌하기를 촉구한다.

대한민국 국민의 대표는 누구인가?

비선실세 최순실 게이트 진상을 철저히 밝히기 위해 중립적인 특검을 동원해 최순실을 구속하고 관련자는 성역 없는 수사를 받아야 한다. 수많은 비선실세 의혹을 부정하며 거짓말을 해오던 박근혜 정권은 결국 지난 25일 납득할 수 없는 대국민 사과문을 통해 최순실과의 관계를 공식적으로 인정하였다. 대통령은 국민으로부터 위임받은 국민의 주권을 최순실에게 넘겨주어 사용하게 했다. 이는 헌법 제1조 제1항 '대한민국은 민주공화국이다', 제1조 제2항 '대한민국의 주권은 국민에게 있고, 모든 권력은 국민으로부터 나온다'를 정면으로 어긴 것이다.

국민은 직접 선출한 대통령이 아닌 최순실 개인의 메시지를 국정연설로 전달받아야 했다. 최순실과 박근혜 대통령은 '대표자는 국민의 주권을 위해야 한다'는 민주주의를 훼손하고 국민을 우롱했다. 우리는 최순실에게 주권을 부여한 적이 없다는 것을 박근혜 대통령은 알아야 한다.

흔들리는 민주주의를 바로잡아야 한다.

박근혜 대통령은 선배들께서 피땀 흘려 지켜온 민주주의의 정의를 훼손하고 대한민국을 최순실의 나라로 전락시켰다. 우리나라에서 국가 기밀 유출, 정유라 특혜, 권력형 비리 등 있을 수 없는 사태가 벌어졌다. 또한 아직도 밝혀지지 않은 수많은 의혹들이 남아 있다. 모든 의혹을 밝히기 위해서 박근혜 정권의 권력을 행사할 수 없는 중립적인 특검을 새로이 도입하여야 한다. 특검을 통해 밝혀지는 모든 위법 행위에 대해서는 지위고하를 막론하고 국민이 납득할 수 있는 책임을 물어야 한다. 대통령을 포함한 내각 또한 성역 없는 수사를 받기 위해 책임 있는 모습을 보여야 한다.

오늘 우리 민중서울시립대학은 양심적인 지성인으로서 민주주의의 회복을 위하여, 대한민국의 정의를 바로잡기 위하여, 다시 국민이 역사의 주인이 되는 나라를 만들기 위하여 주체적인 노력을 수행해 나갈 것이다. 현 사태를 초래한 박근혜 정부는 국민으로부터 신뢰와 정당성을 잃었다. 헌법을 부정하는 정권을 국민이 인정하기는 참으로 어렵다.

박근혜 대통령은 국민 앞에 나와 국민의 목소리를 듣고 책임 있는 자세를 보여야 한다. 그러지 않는다면 우리는 과거 민주주의 정의를 수호하기 위해 싸워온 선배들의 길을 걸어갈 것이다.

2016년 10월 31일
서울여자대학교 총학생회

"오천만 대한민국 주권의 나침반은 현재 '누구'를 향해 있는가?"

2016년, 대한민국의 대통령은 누구인가? 국민에 의해 선출된 박근혜인가, 비선실세 최순실인가.

지난 25일 '최순실 게이트'에 관한 내용이 만천하에 드러났다. 대통령 연설문을 포함한 다수의 국가기밀자료가 일반인에 의해 검토되고, 대통령이 외교 및 국가 안보에 대한 중대한 사항을 사적으로 논했다는 것에 대하여 탄식을 넘어 비판을 금할 수 없다. 우리는 한 나라를 통치해야 할 국가의 원수가 '순수한 마음'으로 조언을 얻고자 했다는 명목하에 일개 개인과 함께 국정을 농락했다는 사실에 격노한다. 국민의 신임을 기반으로 국가를 이끌어야 할 한 나라의 대통령이 신임을 잃었으니 우리는 누구를 믿고, 누구를 따르란 말인가.

정유라가 누린 각종 특혜를 시작으로 최순실 일가의 수천억에 달하는 자금조성을 위한 미르재단, K스포츠재단 외 각종 비리가 이 시각 현재까지도 계속 드러나고 있다. 이는 우리 사회에 깊게 뿌리내린 부정부패에 대한 빙산의 일각일 것이다. 지금까지도 밝혀지고 있는 수많은 사건에 대해 우리는 정확한 진상 조사와 책임을 요구해왔으나 박근혜 정부는 불통과 폭력으로 응답했다. 이것이 원칙을 지키며 국민을 위해 노력하겠다고 약속했던 대통령의 모습이란 말인가.

우리가 바라는 것은 박근혜 정부가 그간 국민에게 보여줬던 무책임하고 무능력한 언행에 대한 책임이다. 박근혜 정부는 특검을 비롯해 현 사태의 진상규명을 위해 적극적으로 나서야 할 것이며, 근본적인 문제 해결을 위한 대책을 마련해야 할 것이다. 이에 우리는 다음과 같이 요구한다.

우리는 부패와 비리를 일삼은 최순실과 그 측근에 대한 사실 규명 및 처벌을 촉구한다.

우리는 공권력을 남용하고 개인 비리를 비호한 정부 관료 및 대통령에 대한 조사와 책임을 요구한다.

우리는 실추된 국권 회복과 민주 정신을 바로 세우기 위해 정부가 최선을 다할 것을 강력히 요청한다.

'우리는 나보다 똑똑합니다'라는 서울여대의 가르침을 이어가고자, 팔천 학우와 함께 대한민국의 미래를 위해 더 이상 침묵하지 않을 것이다.

2016년 10월 31일
언론단체비상시국대책회의

무너진 민주주의를 일으켜 세울 책임은 언론에 있다.

"이것이 나라인가"

2016년 10월 대한민국 도처에서 탄식과 분노가 쏟아지고 있다. 국정은 멈췄고 사람들의 분노는 청와대로 향하고 있다. 부정부패와 정경유착을 넘어 민주공화국의 헌정질서 붕괴를 목도하고 있기 때문이다. 선거로 선출된 대통령이 청와대와 정부조직이라는 체계를 통하지 않고 비선실세와 그 측근들에게 국정을 맡겼다. 일국의 대통령이라는 엄중한 지위를 인형사에 놀아난 장막 뒤 꼭두각시로 만들어 버린 것이다.

오늘 대한민국은 민주공화국인가? 대한민국의 주권은 국민에게 있고, 모든 권력은 국민으로부터 나오는가? 헌법 정신과 가치는 무너졌고, 주권은 유린당했다. 헌법을 수호해야 할 대통령은 헌법을 내팽개쳤다. 대통령 자신이 헌정유린의 장본인인데 누구에게 진상 규명과 처벌을 맡길 것인가? 대통령에게 국정을 운영할 자격은 있는가? 박근혜 대통령은 이제 한순간도 공직에 머물러서는 안 된다.

붕괴하는 민주공화국과 민주주의를 다시 일으켜 세울 주체는 국민이다. 그리고 국민들이 이를 실현하기 수단은 오직 진실만을 찾아가는 언론이다. 진실을 찾아 알리는 일에 더 많은 언론이 나서야 한다. 오늘 이 자리에 모인 우리는 '언론단체 비상시국대책회의'를 결성하고, 이 모든 사태의 장본인인 박근혜 대통령이 사퇴할 때까지 시민사회, 국민과 함께할 것을 선언한다. 언론단체비상시국대책회의는 말과 글로 이 땅의 민주주의를 일으켜 세울 모든 국민과 함께할 것이다. 우리는 국정농단의 실체와 진실을 원하는 국민의 요구와 물음을 모아 언론이 찾아내고 보도해야 할 핵심 의제를 제시할 것이다. 본질을 흐리고 있는 일부 언론사들은 헌정유린의 책임을 호도하거나 은폐하지 말라. 언론은 대통령의 진정성 없는 사과, 의혹 당사자의 일방적 변명 뒤에 가려진 진실에 주목해야 한다.

우리는 국민과 함께 제시할 언론의 핵심 과제를 빠른 시일 내에 선정할 것이며, 진실을 밝히려는 취재와 보도에 대한 어떤 방해도 용납하지 않을 것이다. 진실을 밝히고 책임을 묻기 위해 싸울 언론인에게 당부한다. 최근 언론사 내부에서도 권력과 사측의 방해 공작에 맞서, 개탄과 자성의 목소리가 높아지고 있다고 들었다. 그 어떤 외압과 유혹에도 굴하지 말자. 마지막까지 언론의 사명을 다하자. 언론인들의 권리는 바로 국민들이 준 것이며, 끝까지 함께할 사람들도 언론주권자, 오직 국민이다.

2016년 10월 31일
영남대학교 학생 시국선언단

1. 언어도단

2014년 11월, 청와대 공직기강비서관실이 작성한 내부 문건 '청靑 비서실장 교체설 등 VIP측근(정윤회) 동향'이 한 언론사에서 보도되었다. 문건은 공식 직함이 없는 정 씨가 박 대통령의 핵심측근인 '문고리 3인방' 등 청와대 내외부 인사들과 접촉해 국정에 개입했다는 내용을 담고 있었다. 당시 박근혜 대통령은 "찌라시에나 나오는 그런 이야기들에 나라 전체가 흔들린다는 것은 정말 대한민국이 부끄러운 일이라고 생각한다"는 말로 모든 사태를 '찌라시 소동'으로 정리해버렸다. 곧바로 '문건유출 당사자'로 지목된, 해당 문건의 작성에 관여한 박관천 경정 등에 대한 검찰 수사가 시작됐고, 박 경정은 구속 수감됐다.

2016년 7월 구속된 진경준 전 법무부 출입국·외국인정책본부장의 주식 특혜 비리의 배후로 우병우 청와대 민정수석이 지목되었다. 박 대통령은 이석수 변호사를 특별감찰관에 임명해 수사를 지시했다. 그러나 이 특감은 우 수석 비리뿐 아니라 미르재단과 K스포츠재단의 모금 비리까지 수사하고 있었다. 두 재단에 깊이 관여하고 있었던 것은 청와대의 비선실세 최순실이었다. 그의 존재를 숨겨야 했던 박 대통령은 급하게 이 특감을 쳐내지만 재단과 관련한 최순실의 비리는 숨길 수 없었다. 정권을 등에 업은 최 씨는 철저히 자신의 사익을 얻기 위해 권력의 최상위부터 말단까지 어디까지인지도 모를 권력의 뿌리를 내렸다. 그러나 정말 어이없게도 검은 장막 뒤에 꽁꽁 감춰졌던 최순실의 권력은 이대학생들의 투쟁으로 밝혀진 정유라의 특혜논란, '달그닥 훅' 한 줄로 암막을 찢고 나왔다. 찌라시는 사실이 되었고, 지켜보던 국민들은 할 말을 잃었다.

2. 꼭두각시

단순 권력형 비리라 생각했다. 이 땅에서 부패라. 숱한 것에 대한 익숙한 절망이 찾아왔다. 그러나 이윽고 밝혀지는 사실들에서 '최순실'은 더 이상 숱한 것이 아니었다.

좌우를 막론하고 터져 나오는 언론보도에서 최순실은 대통령의 그날의 옷부터, 연설문의 내용, 심지어는 북한과 몇 번을 접촉했는지에 대한 안보문서와 민감한 문제를 다룬 일본과의 외교문서까지 일개 민간인의 신분으로서는 도저히 접근할 수 없는 기밀사항을 받아 보고 심지어는 개입했다.

공인이 아니기에 아무 감시도 받지 않는 민간인일 뿐인 최순실이 오천만 국민들의 삶을 쥐락펴락하는 국정운영을 해온 것이다.

'최순실'의 등장은 대한민국의 정치에 누구나 평등하게 참여할 수 있는 장치라 여겼던 투표가 실은 이 땅에서는 그저 최순실의 인형을 꾸미기 위한 행사에 지나지 않음을 말하는 것이었으며, 수많은 사람들이 죽음 위에서 그래도 여기까지는 왔다고 말하던 '민주주의'의 가치는 실은 권력을 가진 이들이 얼마든지 희롱할 수 있는 휴지조각에 불과하다고 말하는 것이었으며, 우리가 지키고자 했던 대한민국이 실은 소수 권력자들의 놀음판에 지나지 않았음을 말하는 것이었다.

박근혜 정권은 지난 3년 8개월 동안 아무런 정당성이 없는 정권이 행하는 일들에 반대하는 국민들을 '법'의 이름으로 심판해왔다. '비정상의 정상화' 박근혜 정권이 그토록 외쳐댔던 구호는 도대체 누구를 향한 것인가? 대한민주주의 공화국에서 헌법을 훼손하며 국민에게 위임받은 권리를 사유화한, 이 국가에서 '비정상'은 바로 박근혜 정권이다.

비정상의 상태가 정상이었던 국가에서 '비정상 국민'으로 낙인찍힌 수많은 사람들은 부도덕한 정권에 의해 삶을 빼앗겨도 절대 국가에 저항해서는 안 되는 존재들이었다. 이 국가는 이미 공화국의 가치를 벗어나 사익을 추구하는 무리들의 것이었으므로, 공화국의 정상적인 기능을 요구하는 국민들은, 정유라 씨의 표현을 빌려, 다 된 밥에 재를 끼얹는 '해도 해도 안 되는 망할 것'들일 뿐이기 때문이다.

최순실이 도망가자 꼭두각시 박근혜는 1분 30초의 연설문을 그저 또박또박 읽었다. 1분 30초의 연설문에서 박근혜는 대한민국의 근간을 흔든 작금의 사태에 대해 책임을 지겠다는 그 어떤 말도 하지 않았다. 잠시 연설문을 수정해줬을 뿐이라는 박 씨의 말은, 사과 후 고작 몇 시간 만에 어설픈 거짓말임이 만천하에 드러났다. 박근혜는 자신의 머리와 입으로는 어떠한 생각도 가질 수 없는 그야말로 꼭두각시에 불과하다.

최순실이 도망간 독일의 경찰조차 최순실을 잡겠다는 입장을 내놓았지만 한국의 검찰들은 일개 언론보다 늦게 고작 쓰레기를 뒤지는 시늉만 했다. 짜여진 각본처럼 30일, 최순실은 귀국했고 여러 증거인멸의 위험에도 검찰은 그에게 구속영장을 발부하지 않았다. 온 국민이 경악할 만한 사건을 저질러 놓고도 공권력은 반성할 기미조차 없다. 도대체 이 나라의 어디서부터 어디까지 썩어 있는 것인가? 참을 수 없는 분노가 치밀어 오른다. 정녕 대한민국은 권력자들의 거대한 인형의 집일뿐인가?

3. 국민은 순수한 마음으로 박근혜의 하야를 원한다.

박근혜는 하야하라. 이것이 유일한 방법이다. 청와대의 주인은 국민이다. 국민은 박근혜에게 국정운영을 하라고 청와대를 빌려준 것이지, 가당찮은 무리들의 사익을 챙기는 회사를 차리라 빌려준 것이 아니다. 청와대는 더 이상 당신이 있을 곳이 아니다. 더 이상, 청와대를 불법점거하지 말라. 박근혜는 하야하라. 이것이 철저한 진상규명을 할 수 있는 길이다.

청와대는 지난 29일 검찰의 압수수색을 거부했다. 민간인 최순실에게도 넘기는 자료들을 '공무'원인 검찰에게 넘기지 못하겠다고 한 것이다. 압수수색을 거부하며 시간을 버는 동안, 청와대 안에 남아 있을 증거들이 사라질 것임을 누구나 다 알 수 있다. 공무원들의 공무를 방해하는 박근혜는 공공의 이익을 대변하는 '공인'이 아니다. 권력자들의 간판이 되어 그들의 이익을 보장해주는 악귀 따위에게 국민의 세금을 한 푼도 더 들일 수 없다.

박근혜는 하야하라. 당신은 더 이상 대한민국의 대통령으로서 아무런 정당성도 가지고 있지 않다. 더불어 당신의 껍데기를 쓰고 대한민국을 침탈하고 있는 당신의 굿판무리들도 함께 하야하라. 껍데기뿐인 인간을 국회의원으로 추대하고 어떠한 정치적 신념도 확인하지 않은 채 자신들의 이권을 위해 박근혜 대통령 만들기에 혈안이 되었던 새누리당도 하야하라. '박근혜 정권'을 만들기 위하여, 또 그 정권에 야합해 이익을 챙기려 정권 감싸기를 아끼지 않았던 보수언론들도 하야하라.

우리는 모두 보았다. 당신들이 모두 최순실이다. 당신들이 최순실에 눈감았고, 박근혜를 만들었단 사실을 우리는 모두 똑똑히 기억한다. 당신들 모두 하야하라. 우리는 더 이상 당신들의 굿판에 제물이 되지 않을 것이다.

4. 우리는 언제나 역사를 움직여 왔다.

영남대는 박정희가 청구대학과 대구대의 일부를 강제 징수해 사유화한 학교이다. 박정희 사망 후 박근혜는 영남대학교의 이사장이 되었다. 그러나 박근혜는 겨우 8년을 끝으로 이사장 자리에서 물러나야 했다. 바로 2만의 천마학우들이 있었기 때문이다.

2만 천마학우들은 피 흘리며 투쟁한 87년 6월 항쟁으로, 어용학생회를 몰아내고 학내의 민주주의를 꽃피운 학원대투쟁으로 비리의 온상이었던 박근혜를 몰아낸 자랑스러운 역사를 가지고 있다. 비록 우리들이 눈감았던 2009년 박근혜는 4명의 이사 임명권을 손에 쥐고 다시 슬금슬금 영남대에 마수를 뻗쳤지만, 그리하여 비리를 저지른 노석균의 자리에 다시 박근혜의 때가 묻은 최외출 박정희새마을연구원장이 총장의 자리를 엿보고 있지만, 다시 2만의 천마학우가 하나가 된다면 88년의 그날처럼 영남대를 돌려받아낼 수 있음을 믿는다.

총학에 다시 한 번 요청한다. 서명에 동참한 107명 학우들의 이야기를 들어 달라. 107명의 학우가 박근혜의 하야를 이야기하고 행동하고 있다. 진정으로 모든 학우들을 아우르는 총학이라면 우리의 목소리에 귀 기울여 달라. 덧붙여 총학이 얘기한 철저한 진상규명을 하기 위해서는 우선 증거인멸의 가능성이 농후한 박근혜를 범죄현장인 청와대에서 몰아내야 한다. 즉, 박근혜의 즉각적인 하야가 진상규명에 우선되어야 한다.

2만 천마학우들에게 요청한다. 시국선언에 참여한 107명의 목소리는 '우리'의 전부가 아니다. 그렇기에 더 많은 학우들의 목소리가 필요하다. 조금씩 새어나오고 있는 시국에 대한 걱정 어린 말소리는 분명 학우들의 것이다. 당신들의 목소리로 함께 토론하고, '우리'의 것을 만들어 나가자.

28일 우상호 더민주당 원내대표는 '국가가 더 큰 혼란으로 가지 않도록 해야 한다'며 탄핵과 하야를 요구할 수 없다고 말했다. 타 정당과의 연대를 하지 않겠다는 뜻을 밝혔다. 벌써부터 여당 행세를 하고 있는 더민주당은 터져 나오고 있는 국민들의 목소리를 배반한 것에 다름없다. 우리는 국민들을 고작 '표'로만 바라보는 당신들을 믿을 수 없다. 우리는 우리와 함께하는 우리 옆의 국민들을 믿을 뿐이다.

어디로 가야 하는 것인지, 무엇을 외쳐야 할지 우리는 분명히 알고 있다. 역사를 통해 우리는 그것을 증명해왔다. 소리치고 행동하는 사람들이 써온 역사 속에서 움직이지 않을 것 같은 역사의 수레바퀴는 조금씩, 그러나 반드시 우리들의 손으로만 움직인다. 그리고 지금. 우리는 역사의 수레바퀴를 움직이려 한다.

2016년 10월 31일
원광대학교 총학생회

상식적인 대한민국이 당신에게는 어렵습니까?

지금 대한민국은 헌법 제1조조차 지켜지고 있지 않는, 시대를 역행한 나라, 민주주의 시스템 자체가 무너진 나라가 되었다. 우리는 최순실에게 권력을 위임한 적도, 그녀를 선출한 적도 없다. 국권이 파괴된 것이고, 국민의 주권이 찬탈된 것이기에, 이는 민주주의의 위기고 헌정질서 파괴의 문제다. 헌정사상 초유의 국정농단 사건이 벌어졌다. 정부의 정책이 가장 잘 녹아 있다는 평가를 받은 드레스덴 연설문은 최순실에 의해 수정되었다. 국가 기밀사항, 특히 북한 문제를 다룬 사안이 최순실에게 유출되었고, 이 정부의 핵심 정책인 창조경제 또한 최순실의 손길을 곳곳에서 느낄 수 있었다. 그 밖에도 그녀의 손길이 국가사업에까지 미치고 있다는 의혹이 쏟아져 나오고 있다. 점차 의혹은 사실로 다가오고 있으며 국민은 분개하고 있다. 상식으로는 도저히 설명할 수 없는 일들이 청와대에서, 우리나라 행정부 최고 권위자가 있는 그곳에서 일어나고 있다.

비상식적인 행동으로 일관하며 핵심 비리를 덮으려고 하는 것인가.

단순한 인사개편만으로 국민들의 분노를 가라앉힐 수 있다고 생각하는 것인가. 청와대. 푸른색의 기와는 버젓이 그 자리를 지키고 있다. 하지만 언제나 푸르기만을 바란 국민의 마음은 이미 새까맣게 타들어 갔다.

2016년 11월 1일. 우리는 더 이상 시대의 방관자가 되지 않을 것이다. 민주주의를 대표하는 국가 최고 권위기관에 의해 체계가 무너진 현실 속에서 대한민국을 지키기 위해 이렇게 나선다.

이에 우리는 선배들이 흘린 피로 세운 이 땅의 이념을 지켜내기 위해 저항할 것을 천명하며, 1만4천 원광대학교 학우들은 대한민국 헌법에 따른 주권자인 국민으로서, 박근혜 대통령의 진정성 있고 책임 있는 자세를 강력히 요구한다. '원광 그대는 개벽의 일꾼이어라'라는 말처럼, 우리 원광대학교 학우들은 역사의 흐름에 침묵하거나 좌시하지 않는다. 개벽의 일꾼, 깨어 있는 지성인으로서 격노하며 계속 목소리를 낼 것을 엄숙히 선언한다.

민주주의 이념을 깬 대통령은 국민 앞에 사과하라.

대통령은 국민 앞으로 나와 비선실세에 대해 밝혀라.

대통령은 이 상황에 대한 책임을 지고 대통령직에서 퇴진하라.

2016년 10월 31일
인하대학교 교수 223인

사상 초유의 국기문란 사태에 대한 우리의 입장

설마 하면서도 끝까지 믿고 싶지 않던 일이 명백한 현실로 판명되고 말았다. 그것은 봉건시대의 역사를 통틀어서도 그 유례가 많지 않은 일이다. 어떤 공직도 없는 특정 일반인이 선거를 통해 당선된 대통령을 좌지우지하며 안보 외교부터 인사에 이르기까지 국정을 농단하고 자신의 사익을 무한대로 추구해 온 일이 21세기 민주국가 대한민국에서 농담이나 뜬소문이 아니라 점점 더 확실한 사실로 드러나고 있는 것이다.

참담하다. 이게 과연 나라인가? 우리는 이제부터 과연 우리가 대한민국 국민이라고 당당하게 말할 수 있을 것인가? 현 박근혜 정권 출범 초기부터 지금까지 우리는 유난히 국민과의 소통을 거부하고 비밀에 싸인 권부 속에서 '그들만의 국정'을 오불관언 펼쳐나가는 모습에서 적지 않은 불안감을 느껴왔고 그것이 결국 국정원 선거개입 사건 수사 강제 무력화, 세월호 참사에 대한 구조 방기와 진상규명 방해, 메르스 사태에서의 국민 건강과 안전관리에 대한 총체적 무능 현시, 개성공단 폐쇄에서 보는 대화와 협상 없는 남북 간 극한대립 국면 창출, 역사교과서 국정화와 건국절 제정 시도 등 역사 퇴행, 일본과의 굴욕적인 위안부문제 타결협상 추진, 사드의 일방적 배치 강행 등 하나하나의 구체적 실정과 과오로 나타나면서 과연 이 나라의 공적 국가시스템은 정상적으로 작동하고 있는가 하는 의구심을 점점 더 키워오지 않을 수 없었다.

그런데 결국 최근에 밝혀진 특정 측근을 통한 최고 국가비밀의 유출과 결정과정의 농단이라는 있을 수 없는 '비정상의 정상화와 일상화'로 인해 이러한 불안감과 의구심은 결국 최악의 충격과 낭패감으로 바뀌어버렸다. 우리는 현직 대통령을 둘러싸고 일어난 이 사상 초유의 국기문란 사건에 분노하기 이전에 우리가 민주주의라고 믿고 있었던 이념과 제도가 어디에서 이러한 허점이 만들어졌으며 우리는 왜 그것을 사태가 여기에 이르도록 방치해 왔는가를 고통스럽게 되돌아봐야 하는 지경에 이르렀다고 할 수 있다. 이제 박근혜 정권은 하나의 정부시스템이 아니라 특정 일반인과 대통령 자신 그리고 그들에게 충성을 다해 온 청와대의 일부 극소수 친위집단으로 이루어져 백년대계의 국가목표가 아니라 오직 자기 소집단의 이익만을 극단적으로 추구하는 하나의 괴물화된 권력집단임이 만천하에 드러났다. 이 정권 자체가 이미 국민들의 신임을 완전히 잃어버려 정상적으로 국정을 추진할 동력을 상실한 식물상태에 들어섰지만 우리 국민들은 스스로 국가권력을 참칭하는 이 집단이 퇴진하기 전까진 그들에게 어떠한 정통성도 정당성도 부여해서는 안 되며 그들로부터 가해지는 어떠한 부당한 명령에 대해서도 복종해서는 안 된다. 그것은 선거를 통해 그들에게 권력을 부여한 우리 자신에 대한 준엄한 반성을 실천하는 것이며 민주시민으로서의 최소한의 양식을 수호하는 것이기도 하다.

그리고 현안이 산적한 냉엄한 국내외의 현실 속에서 마비상태에 이른 국가기능을 회복하고 고사상태에 이른 민주주의를 다시 회복하는 길은 최고 권력자로서 모든 책임을 지고 박근혜 대통령은 스스로 퇴진하고 국민의 중론을 모아 위기의 국가시스템과 민주주의를 회생시킬 거국내각을 구성하며 국정을 농단한 자들을 지위 고하를 막론하고 엄벌에 처해 일벌백계하는 방법밖에 없다고 판단된다. 만일 이 같은 국민적 공분과 열망을 무시하는 미봉책으로 슬그머니 그 추악한 권력을 연장하려고 한다면 이들 범죄집단은 국민적 분노의 파도 속에 사상 유례없는 처참한 말로를 걷게 될 것임을 경고한다.

이상과 같은 뜻을 모아 우리 인하대학교 교수 일동은 이미 성명을 내고 행동에 돌입한 전국 각 대학 교수와 학생들에게 지지와 연대를 보내며 다음과 같이 우리의 요구사항을 밝히고자 한다.

○ 박근혜 대통령은 이 국정파탄과 국기문란의 책임을 지고 즉시 퇴진하라.
○ 여야 정치세력은 시민사회와 협력하여 신뢰받는 거국내각을 구성하라.
○ 국정을 농단한 대통령 측근세력과 이에 결탁하여 국가기강을 흔든 자들을 엄벌하라.

2016년 10월 31일
전국보건의료산업노동조합

마지막 결단을 촉구한다, 껍데기는 가라!
박근혜 대통령은 하야하고 내각은 총사퇴하라!

"이게 과연 나라냐, 이런 나라의 국민인 것이 부끄럽다"라는 탄식이 절로 나온다.

갖가지 추측과 흉흉한 소문이 자고 일어나면 사실이 되는 세상이다.

최순실 일가가 권력을 사유화하며 부정부패를 일삼고 재벌과 공모하여 노동자들을 쥐어짜면서 자식을 위해 저지른 악행이 알려지면서 온 국민이 경악하고 있다.

문화체육 사업을 시작으로 남북관계, 외교를 비롯한 국가의 주요 정책을 좌우하고, 국가 예산과 주요 요직의 인사권을 행사하고 대통령의 연설문까지 고쳤다니 국민들은 도대체 이 나라 대통령은 누구냐고 묻고 있는 것이다.

더욱 심각한 것은 날마다 늘어나는 최순실-박근혜 정권의 막장 정치, 국정농단과 헌법 파괴, 민주주의 파괴 행각이 도대체 끝이 어디인지 알 수 없다는 것이다.

최 씨 일가와 박근혜는 40년이 넘게 특수 관계를 유지해 왔다. 그렇기에 사태의 본질은 최순실 게이트가 아니라 바로 박근혜 게이트이다. 비선세력, 청와대 참모, 새누리당, 친박 세력을 비롯한 주변 인물도 문제이지만 사태를 이 지경으로 몰고 온 핵심 세력은 바로 박근혜 대통령 자신이다.

그동안 어떤 일들이 벌어졌는가?

한마디로 불통 정권이자 상식이 통하지 않는 정권이었다. 박근혜 대통령은 때때로 이해하기조차 힘든 괴이한 말들을 사용하여 국민들을 어리둥절하게 만들었다.

국정원 대선 개입 사건 은폐를 시작으로 수백 명 어린 생명을 수장시키고만 세월호 사건조차, 청와대는 끝내 대통령의 7시간에 대해 말하지 않았고 오히려 진실을 감추기에 급급했다.

한때는 '통일대박'이라 떠벌이던 정권이 갑자기 개성 공단을 폐쇄하고 전쟁 불사를 외치며 사드 배치를 결정하는 등 역사상 유례없는 긴장 상태와 남북 대결을 조장했다.

역사교과서 국정화에 이어 엉터리 한일 외교장관 합의를 발표하면서 역사를 거꾸로 돌렸다. 이에 항의하는 한 농민을 직사 물대포로 쏘아 억울한 죽음으로 몰아넣고도 사과는커녕 '병사'라 주장하며 강제 부검을 하겠다는 정권이다. 이처럼 후안무치한 정권의 배후에는 이들이 있었던 것이다. 우리는 왜 정권이 그토록 임금 피크제, 해고연봉제 등 노동 개악을 몰아붙이고 있는지 이제야 그 진실을 낱낱이 알게 되었다. 현 정권이 "비정상을 정상으로 만들겠다, 청년실업을 줄이겠다"며 노동유연화를 포함한 노동 개악을 사력을 다해 밀어붙였다.

그러나 진실은 재벌들에게 미르재단과 K스포츠재단에 800억을 헌납하도록 강요하고 그에 대한 보답을 한 것이다. 예부터 "공짜 점심은 없다"라는 말이 있다. 성과 연봉제의 목표였던 저성과자 해고는 애초부터 재벌의 숙원 사항이었다. 전경련과 경제단체들은 2014년에도 대통령 직속 규제 개혁위원회에 해고를 쉽게 하고 취업규칙을 근로자 동의 없이도 바꿀 수 있도록 해달라고 건의한 바 있고 비리 정권은 이에 화답한 것이다. 재벌들에게 세금을 깎아 주고, 재벌들을 위한 의료민영화 정책을 포기하지 않고 추진하는 이유 또한 이와 다르지 않다.

지금 우리나라에서 필요한 것은 국정농단, 부정비리 세력들에게 그 죗값을 묻고 "국가 개조"를 하는 것이다. 그러나 대통령이 비리의 국정 농단과 부패, 비리의 공범이고 검찰과 경찰을 장악했던 세력이 그대로 남아 있는 현 상황에서는 꼬리 자르기만 지속될 뿐 국가개조는 고사하고 진실 규명 자체도 불가능하다. 그래서 우리는 박근혜 대통령에게 마지막 결단을 촉구한다. 자신의 잘못을 인정하고 즉각 하야하라. 껍데기는 가라. 이렇게 사태를 방치한 내각은 총사퇴하라.

1960년 4·19혁명, 1980년 5월 광주민중항쟁, 1987년 6월 항쟁 등 우리 민중은 피로써 거짓과 독재정권과 싸웠고 민주주의를 지켜 왔다. 우리 보건의료노조는 이러한 요구가 관철될 때까지 박근혜 정권 퇴진을 위한 길에 함께할 것이다. 불의에 저항하는 민중들과 함께 어깨 걸고 정의가 강물처럼 흐르고 평화가 꽃처럼 피어날 새로운 시대를 위해 힘차게 전진할 것이다.

2016년 10월 31일
전국사무금융노동조합연맹

사무금융 노동자의 이름으로 '박근혜 하야'를 촉구한다.

결국 이런 것이었다.

대통령이 스스로 헌법 질서 파괴행위를 자백하였다.

재단법인 미르, K스포츠 설립 비리로 촉발된 의혹은 최순실 게이트와 청와대 문건 유출까지로 끝없이 확대되고 있다. 지금까지 드러난 사실만으로도 국헌문란의 가장 큰 책임자인 대통령은 형사적 책임과 별개로 이미 헌법상 대통령의 민주적 정당성과 자격을 상실했다. 이것은 천인공노할 대국민 사기행각이며 헌법질서 파괴행위다.

우리 국민들은 대한민국은 민주공화국이며 모든 권력은 국민으로부터 나온다고 말할 수 없는 순실의 나라, 상실의 시대인 2016년을 살아가고 있다. 이 땅의 청춘들을 침몰하는 세월호와 함께 침몰시키고 300명이 넘는 국민을 수장시키고도 진실규명은커녕 유가족을 단식과 거리로 내몰고 특조위를 해산시키는 정권.

개 사료값보다 못한 쌀값을 지키겠다는 농민에게 강화유리도 박살 내버리는 살인적 물대포를 쏘아대서 죽여 놓고 '병사'와 '부검'을 운운하는 살인정권.

일본군 위안부 졸속합의, 역사 교과서 국정화에 이어 한반도 사드 배치 운운하며 역사를 팔아먹고 국민의 안전과 나라의 평화를 기꺼이 강대국에 내어주는 정권.

컵라면 한 사발도 먹지 못하고 스크린도어에 끼어 달려오는 전동차를 보며 절규해야 했던 구의역의 젊은 비정규노동자의 죽음을 외면하고 짓밟는 정권.

헌법에 쓰인 노동 3권마저 불법적 노동개악 강행으로 유린하여 초유의 총파업으로 노동자들이 거리로 쏟아져 나오게 하고도 감히 헌법과 개헌을 운운하는 정권.

이제 국민들은 박근혜는 더 이상 대통령이 아니라며 '하야'를 외치고 있다. 태생부터 박근혜 정부는 정통성이 없었다. 국가기관의 총체적 대선 개입으로 탄생한 것이 바로 박근혜 정부다. 국민의 환심을 사고자 내놓은 복지 공약이나 경제 민주화 공약은 모조리 내던져졌다. 그 대가는 고용 불안과 실업, 소득 감소, 집값 폭등, 복지 축소로 오롯이 노동자와 민중이 떠안았다. 국민주권을 국민호구로 농락한 박근혜-최순실 일파의 국정농단은 참담한 지경을 넘었다.

국민을 개돼지 취급하고 권력을 사유화해 최순실의 나라를 만들고 민주주의를 파괴하며 국정을 파탄 낸 박근혜는 물러나야 한다. 또한 박근혜-최순실 게이트 사건에 대한 성역 없는 철저한 수사가 이루어져야 할 것이다.

1987년, 들불로 타오른 6월 민중항쟁이 이 땅에 민주주의를 세웠다. 2016년은 6월 민중항쟁 및 사무금융연맹 창립 29주년이 되는 해이다. 우리 사무금융 노동자들은 1987년 군사독재에 맞서 싸운 6월 민주항쟁의 주역이었던 것처럼 민주주의를 파괴하고 민중의 삶을 유린하는 정권에 맞서 박근혜를 끌어내리고 집권당의 책임을 묻기 위한 투쟁의 앞자리에 설 것이다. 우리는 이 시대의 침묵은 곧 박근혜 정권에 대한 동조임을 자각하고, 더 이상 침묵하지 않고 분연히 떨쳐나서는 것이 사무금융 노동자들을 벼랑 끝에서 지켜내는 길이라고 확신한다.

사무금융 노동자들의 이름으로 촉구한다. 박근혜는 하야하라!

11월 12일 민중총궐기에 함께하여 민주주의를 짓밟은 썩은 정권 끌어내리자!

2016년 10월 31일
전남대학교 총학생회

바지사장은 필요 없다! 가짜는 청와대를 떠나라!

개판도 이런 개판이 없다. 대한민국은 지금 최순실 게이트로 각종 의혹이 쏟아지면서 온전한 나라가 아님을 전 국민들에게 홍보하고 있다. 지금까지 나온 의혹만으로도 국정은 한 개인에게 농락당해 왔으며, 대통령 스스로 바지사장임을 명확하게 드러낸 것이다.

사상 최악의 취업률 속에서 우리 학생들은 자기 인생을 조금이라도 극복하고자 알바며, 학원이며 전전긍긍하고 있는 사이, 빽이 있는 누구는 들어가고자 하는 대학이 있으면 성적과 상관없이 들어갈 수 있고, 수업에 나가지 않아도 학점을 받는 현실에 허탈함과 상실감은 더해 가고 있다. 여기에 마치 양파처럼 까면 깔수록 새로운 의혹이 나오고 있는 지금의 현실은 과연 정상적인 나라가 맞는가?

최순실 게이트와 관련하여 총학생회에서 진행한 설문조사에 따르면 전남대 학생들은 이 사태로 인해 정부에서 해야 할 일로 "대통령 하야"를 가장 많이 뽑았다. 또한 전국 대학 곳곳에서 교수, 학생들의 "대통령 하야" 시국선언이 이어지고 있으며, 대자보 열풍이 확산되고 있다. 이것이 지금 학생을 비롯한 국민들의 여론인 것이다.

"우리 손으로 우리의 대통령을 뽑자!"라며 87년 6월 항쟁을 통해 얻어낸 대통령직선제는 지금의 사태로 인해 무참히 훼손되었다. 우리는 우리 대학의 자랑스러운 역사인 5·18민중항쟁의 뜻과 의의를 지켜내기 위해 국정을 농단한 박근혜 대통령의 하야를 요구한다!

대통령 스스로 물러나지 않는다면 국회는 탄핵안을 발의하라! 정치권이 국민들의 요구를 무시한다면 국민들의 거센 저항에 직면하게 될 것이며, 다가오는 11월 12일 민중총궐기를 비롯한 국민들의 목소리를 낼 수 있는 자리를 계속해서 만들어 낼 것임을 선언한다!

2016년 10월 31일
전남지역 정당시민사회 공동 시국선언 참가자 일동

비선실세 국정농단 최악의 헌정파괴가 드러났다.

박근혜의 '비선실세' 최순실이 실질적으로 '대통령 위의 대통령' 노릇을 했음이 드러나고 있다. 최순실은 통일·안보·외교 등 국정 전반에 개입하여 국가의 안위를 위태롭게 했을 뿐만 아니라 청와대를 비롯하여 정부 부처의 인사까지 개입한 사실도 드러났다. 사상 초유의 헌정파괴와 국민기만의 대범죄에 대해 박근혜는 진정성이라고는 찾아볼 수 없는 겨우 90초짜리 녹화된 사과문을 읽는 뻔뻔함으로 더 이상 아무것도 기대할 것이 없는 구제불능임을 다시금 보여줬다.

박근혜는 더 이상 대통령 자격이 없다.

국가 안보에 관련된 기밀들을 개인 최순실에게 알려 현행법을 어겼음은 물론이고 경제 관련 주요 정보들을 누설한 것은 물론 지난 3년 8개월간의 악몽 같았던 통치 행위 모두가 사이비 무당 비선실세 최순실 일당의 농단이었음이 드러난 이상, 박근혜는 '국민의 생명과 재산을 보호'할 의무를 지닌 대통령으로서 더 이상 국정을 운영할 자격이 없음이 확인됐다. 이에 우리는 박근혜가 즉각 퇴진할 것을 강력히 요구한다.

박근혜가 퇴진해야 할 이유는 이미 차고 넘친다.

박근혜는 국정원을 비롯한 국가기관의 총체적 부정선거로 당선됐고 지난 3년 8개월 내내 무능력과 무책임, 불통과 오만무도함으로 나라를 망쳐왔다. 세월호 참사 당시의 무능과 7시간 행방불명으로 300명이 넘는 아이들과 국민들을 수장했고, 소위 한일 위안부 합의로 국가의 존엄과 역사를 팔아넘겼고 침략자 일본과의 군사적 밀착을 시도해 왔다. 개성공단 폐쇄라는 자해적 조치로 막대한 피해를 끼치고 대북적대 정책으로 남북관계를 파탄 냈으며 국익을 외면한 일방적인 사드 배치 결정 등으로 한반도를 전쟁 위기로 몰아넣었다.

대선 공약은 한마디 해명도 없이 백지화했고, 창조경제라는 허울 아래 1퍼센트 재벌을 위해 노동자, 농민, 서민 등 99퍼센트 국민의 삶을 나락으로 빠뜨렸다. 수많은 피와 희생으로 일궈온 민주주의를 유신의 시대로 되돌리려 했고, 국정 교과서를 통한 역사 왜곡으로 친일 독재를 미화하고 우리 아이들의 정신을 좀먹으려고 획책하고 있다. 대통령의 공약이었던 쌀값 보장을 외치던 백남기 농민에게 경찰이 물대포를 직사해 목숨을 앗아

갔음에도 사과는커녕 부검 운운하면서 추모보다 시신 탈취를 걱정해야 하는 참담함을 안겨줬다.

이에 우리는 국민의 이름으로, 전남도민의 이름으로 다음과 같이 요구한다.

하나. 이번 사태를 통해 박근혜에게는 국정을 운영할 능력도, 자격도 없다는 것이 확인되었다. 또한 국정 농단을 방치하고, 이에 편승한 청와대, 내각, 거수기 집권여당 역시 이번 사태의 공범임이 명확해졌다. 박근혜는 즉각 퇴진해라. 청와대 비서진과 내각은 총사퇴하고, 거수기 새누리당은 해체되어야 한다.

하나. 국회와 정치권, 특히 민주당과 국민의 당을 비롯한 야권은 박근혜 탄핵 소추안을 당장 발의하라. 야당들은 1년 넘게 남은 대선만을 바라보며 몸조심으로 일관, 민중의 고통을 외면한 채 응당 해야 할 일들을 방기하고 있다. 당리당략의 저울질을 당장 그만두고 국민들의 민의를 외면하지 말아야 함을 엄중히 경고한다.

하나. 우리는 언론들의 분발을 촉구한다. 벌써부터 박근혜를 피해자로 둔갑시키고 얼렁뚱땅 사건을 축소하려는 움직임이 획책되고 있다. 언론들은 국민들의 우려를 깊이 새기고 권력에 부화뇌동하지 않는 제대로 된 취재와 보도로 국민들의 민심을 담아주기를 당부한다.

끝으로 우리는 박근혜를 피해자로 둔갑시키고 사태를 축소하려는 조직적인 움직임에 대해 심각한 우려를 표한다. 이에 우리는 작금의 사태가 끝난 것이 아니라 시작이며 박근혜 정권이 제 임기를 마치는 것을 도저히 묵과할 수 없음을 확인한다. 여당이 버티고 야당이 못하겠다면 이제 우리 스스로 해 나갈 수밖에 없다. 11월 2일을 전후한 주 중 전남 22개 시군별 '(가)박근혜 퇴진 시군대회'와 시국선언을 조직하는 것을 시작으로 박근혜 퇴진 운동을 본격화해 나갈 것이다.

11월 12일 민중총궐기 성사하고, 박근혜 정권을 퇴진시킬 때까지 2차, 3차 총궐기를 계속 진행해 나갈 것이며 87년 6월 항쟁 때와 같은 범국민운동본부 결성도 본격적으로 제안하고 준비해 나갈 것이다. 전남도민들의 아낌없는 관심과 참여를 당부드린다.

2016년 10월 31일
한신대 총학생회, 교수노조, 대학노조, 총동문회, 민주동문회

'박근혜는 국민의 뜻 받들어 즉시 하야하라'

한 '개인'이 기밀에 해당하는 국가안보와 청와대 인사, 외교 등에 관한 각종 자료를 받아보고 개입한 정황이 드러났다. 심지어 민족 정서상 민감한 문제인 독도 문제에 대하여는 '아베 총리를 만나 독도 이슈에 대해서는 일본이 먼저 언급하면 미소로 대응하고 먼저 언급하지 않는 것이 바람직하다'라는 충격적인 내용까지 구체적으로 언급되어 있었다. 한 국가의 주권 문제가 한 개인에 의해 농단되고 있었던 것이다.

박근혜 대통령은 지난 10월 25일 대국민 사과에서 최순실의 국정 개입을 인정함으로써 국가원수인 지위를 스스로 부인하며 누가 실세인지를 영락 없이 보여 주었다.

최순실은 현 정권의 배후 실세로 군림하며 국정을 농락했다. 나아가 권력을 사유화함으로써 국가의 공적 권위를 해체하고 사회의 도덕적 기강을 붕괴시켰다.

2014년 4월 16일 세월호 참사로 304명의 생명이 차가운 바다에 희생될 때 박근혜 정권은 단 한 사람의 어린 생명도 구조하지 못했다. 유가족의 슬픔을 외면하였고, 7백만에 달하는 국민 요구로 만들어진 세월호참사특별법과 세월호특조위를 방해하고 무력화시켜 그 어떤 진상규명도 하지 않았다. 한민족의 얼을 담아야 할 역사교육의 국정화를 강행하여 국민의 민주적인 교육권을 박탈하고 친일과 독재를 미화하려는 의도를 드러내었다. "우리 농업을 지키겠다"고 약속한 대통령의 공약 이행을 요구하던 백남기 농민에게 물대포를 쏘아 죽게 만들고는 그 책임이 두려워 장례까지 방해하는 파렴치함과 추악함을 보였다. 평생을 아픔의 세월로 살아오신 일본군 '위안부' 피해 할머니들에게는 진정어린 사죄 없이 10억 엔으로 일본과 합의를 하여 다시 한 번 시퍼런 대못을 박고 우리나라의 주권이 상실했음을 보여주었다. 세계 유일 분단국가인 우리나라에서 평화와 남북 교류협력의 상징이던 개성공단을 폐쇄하고, 대북 강경언사, 사드 배치 결정 등으로 국가와 국민을 전쟁 위험에 빠뜨렸다. 다시금 한반도를 남북 긴장과 반공·반북 이데올로기의 장으로 전락시킨 것이다.

우리는 박근혜 정권을 더 이상 인정할 수 없다. 지난 3년 8개월 동안 이 정권이 보여준 무지, 무능력, 무책임의 뿌리가 가림막 뒤의 한 개인의 국정 농단과 권력의 사유화에 깊게 내리고 있음을 확인하였다.

대한민국의 역사는 민주주의를 쟁취하기 위해 외세와 독재정권에 맞서 싸우신 수많은 의인들의 피로 쓰인 것이다. 박근혜 정권의 행태는 대한민국의 자주와 민주화를 이루기 위해 피를 흘리신 수많은 열사들에 대한 씻을 수 없는 모욕이다.

우리 한신대학교 구성원들은 박정희 독재정권에 맞서 싸우신 장준하 선배님의 가르침과 이 땅의 정의와 민주화를 위해 희생을 치르신 여러 선배님들의 정신을 이어받아 다시 한 번 무너진 정의를 바로 세우기 위해 나섰다. 이에 수많은 선배들과 열사들의 땀과 피로 일궈낸 민주주의를 짓밟고 국민을 우롱한 박근혜 대통령의 하야를 강력히 촉구한다.

세월호 참사 헌정파탄 박근혜는 물러나라!

세월호 참사가 일어난 그날부터 세월호 특조위가 강제 해산된 지금까지 유례없는 국정농단이 자행되어 왔음은 이미 사실로 드러났다. 참사 당시 우리는 '존재하지 않는 국가의 구조'를 기다린 셈이었다. 우리는 진실을 밝히기 위한 과정마다 왜 위법, 위헌적 진상규명 은폐 시도가 국가적 차원으로 감행되어 왔는지 비로소 알게 되었다. 세월호 침몰 당시 구조 골든타임 시간대에 '대통령의 7시간' 공백에 대한 국민적 의혹은 더욱 거세지고 있다. 일본 언론 산케이사에서 대통령의 7시간과 사생활 의혹에 관한 보도를 하였고 이를 대한민국 검찰이 기소했지만 무죄 판결로 그쳤다. 얼마 전 이 사건의 당사자인 가토 산케이 전 서울지국장은 당시 검찰이 '최태민과 최순실'에 대해 자신에게 집요하게 물었음을 고백하였다. 사태가 이러하자 정치권에서는 정부에 현 국정농단 사태와 세월호 7시간의 연루를 묻기 시작했다. 황교안 총리는 전면 부인했다. 그러나, 연설문을 개인이 고쳤다는 제기에 대통령 비서실장이 실소를 금치 못하겠다며 전면 부정했지만 사실은 정반대로 드러났다는 것을 우리 모두는 보았다.

세월호 참사에 대한 국정농단은 심각한 일이 아닐 수 없다. 피해자 가족과 국민은 세간에 도는 세월호 참사 연루설에 관한 이야기들에 고통스러워하고 있다. 현 국정파괴 사태가 세월호 참사와 연결되어 있다는 의혹이 낱낱이 밝혀져야 한다. 그러나 증거인멸의 가능성은 물론이고 수사 권력을 쥐고 있는 박근혜 집권세력이 그대로 있는 한 진실은 밝혀낼 수 없다. 박근혜 퇴진을 비롯한 권력집단이 물러나야 진실은 밝혀질 수 있을 것이다. 이에 우리는 다음과 같이 선언하고자 한다.

민주공화국 헌정파괴 국정농단의 주범 박근혜는 당장 물러나라!

세월호 참사 국정농단 연루 및 진상규명 은폐와 모든 의혹을 낱낱이 밝혀내자!

청와대, 국정원, 행정부 모든 책임자들은 총사퇴하고 새누리당은 해산하라!

최순실을 비롯한 모든 부역자들을 당장 구속하라!

정치권은 국가비상사태에 대한 수습에서 철두철미 국민의 명령에 따라라!

4·16연대는 회원의 이름으로 전국 각지에서 비상 시국선언을 할 것이다.

11월 1일 우리는 회원 서명으로 광화문 분향소 4·16광장에서 시국선언을 할 것이며, 세월호 참사 국정농단에 대한 진실을 밝힐 때까지 전국 방방곡

곡에서 대자보를 쓰고 시민과 함께 토론하며 박근혜 사퇴 행동에 직접 나설 것이다. 다가오는 11월 12일 시민대행진을 비롯한 전 국민적 결집을 이루기 위한 행동에 적극 나서 각계각층의 국민, 시민사회, 종교 등 함께 범국민적 연대로 반드시 세월호 참사의 진실을 규명하기 위해 박근혜를 퇴진시켜 나갈 것이다.

2016년 11월 1일
국정농단 박근혜 퇴진 경남시국선언자 일동

미봉책으로 또다시 국민을 속이려 하지 말라.
박근혜를 퇴진시키고 완전한 민주회복 이룩하자.

그동안 감추어 오던 비선실세의 국정농단이 사실로 드러났다. 최순실이 대통령에 앞서 국정을 보고받고 정책을 수정하였으며 청와대와 정부 인사에 개입하였고 대통령 연설문을 최종 검토하는 일이 벌어졌다. 대통령은 꼭두각시였고 대한민국은 최순실 일파의 소유물이었으며 국민은 희생양이었다. 이런 어처구니없는 일이 폭로되면서 국민의 울분은 하늘을 찌르고 박근혜 퇴진 외침은 전국 방방곡곡에 울려 퍼지며 분노한 국민은 거리로 쏟아져 나오고 있다. 이에 놀란 박근혜 정권과 새누리당은 사태를 수습하기 위해 청와대 인사 개편과 최순실 수사를 진행하고 거국내각 구성을 이야기하고 있다. 하지만 청와대에서 지휘하는 최순실 수사는 증거인멸과 짜 맞추기 수사에 불과하며 청와대 인사개편도 도긴개긴 인사에 불과하다. 그것은 박근혜와 한통속으로 민주를 파괴하고 민중을 탄압하고 포악한 권력을 휘둘렀던 새누리당과 정권의 주구들이 어떻게든 박근혜의 하야만은 막고 정권붕괴의 위기를 넘기기 위해 어설픈 눈속임을 하는 것일 뿐이다. 하지만 그런 미봉책으로 사태를 수습할 수 있다고 보는 것은 어리석은 착각이다. 국민은 박근혜의 퇴진을 원한다. 국민은 썩은 환부의 근원을 도려내고 새살이 돋기를 원한다. 국민은 썩어빠진 뿌리를 완전히 뽑아내고 새싹이 돋기를 원한다.

국민을 속이고 능멸한 박근혜를 어떻게 용서할 수 있는가. 국민주권을 허물고 국가권력을 최순실에게 갖다 바친 박근혜를 국민이 어떻게 대통령으로 인정할 수 있는가. 법과 질서를 훼손하고 민주공화국의 뿌리를 뽑아버린 범죄자 박근혜를 국민이 어떻게 처벌하지 않을 수 있는가. 박근혜는 퇴진해야 한다. 퇴진을 넘어 민주주의를 파괴하고 나라를 망친 것에 대한 법적 책임을 물어야 한다.

썩은 환부를 적당히 덮고 넘어가서는 안 되며 문제 해결이 미봉책에 머물러서는 안 된다. 우리는 이번 사태를 계기로 새롭게 민주주의를 꽃피우는 대한민국, 진정한 국민주권이 실현되는 새로운 대한민국, 더 이상 친일잔당과 수구세력에 의해 농단당하지 않는 대한민국을 만들어야 한다. 국민을 위하고 국민을 존중하고 국민이 주인 되는 나라를 세워야 한다.

국민은 일어섰다. 분노한 국민이 일어서서 무너지지 않은 정권은 없고 독재권력에 저항하는 국민의 항쟁으로 민주주의는 성장해 왔다. 3·15, 4·19, 부마항쟁, 광주항쟁, 6·10항쟁이 그러했다. 2016년 분노한 국민이 다시 일어섰다. 분노에 찬 국민의 물결은 거대한 파도가 되어 패악과 폭정의 무리를 쓸어버리고 새로운 민주국가를 일굴 것이다.

우리는 주권자인 국민의 이름으로 다음과 같이 요구한다.

○ 박근혜는 퇴진하고 법의 심판을 받아야 한다.

○ 부패 비리, 민주파괴의 온상 새누리당은 당장 해체해야 한다.

○ 청와대와 검찰을 비롯한 국가기관에 박혀 있는 박근혜, 최순실의 주구들을 즉각 몰아내야 한다.

○ 엄정한 수사기관에서 최순실을 비롯한 그 일당에 대해 철저히 수사하고 엄벌에 처해야 한다.

○ 박근혜 정권에 의해 추진되고 있는 반민주, 반민중, 반통일 정책은 즉각 폐기되어야 한다.

○ 국민주권을 회복하고 민주사회를 이룩하기 위한 법과 제도를 새롭게 완비해야 한다.

2016년 11월 1일
대학YMCA전국연맹, 대학·청년YWCA전국협의회

대한민국은 민주국가인가! 최순실의 국가인가!
대학YMCA전국연맹과 대학·청년YWCA전국협의회는 정의·평화·생명의 가치를 따르며 청년들의 힘으로 사회를 변화시켜 나가기 위해 힘쓰는 청년 조직이다. 하지만 최근 하나둘씩 드러나고 있는 최순실의 국정농락 사건을 통해 그동안 우리가 옳다고 믿어온 정의와 민주주의 가치가 지켜지지 못한 채, 대한민국이라는 국가가 최순실 한 개인과 이와 거미줄처럼 연루되어 있는 사적 집단에 의하여 농락당한 것을 지켜보며 할 말을 잃고 말았다. **우리는 최순실이 조정하는 국가에서 살아가고 있는가.**
대한민국 헌법 제1조 1항과 1조 2항에는 '대한민국은 민주공화국이다', '대한민국의 주권은 국민에 있다'고 명시되어 있다. 하지만 오늘날 대한민국의 민주주의는 완벽히 무너졌다. 국민의 뜻을 대의할 어떠한 권한도 없는 최순실이라는 일개 개인이 대한민국 대통령의 연설문 수정과 기밀문서의 열람 등 국정에 개입하였고, 청와대가 최순실과 그의 사적 집단을 위해 미르재단과 K스포츠재단의 모금에 개입했으며, 최순실의 측근들이 국가의 주요 직책을 맡도록 개입했다는 일련의 사건들이 대한민국을 최순실이라는 거대한 블랙홀에서 헤어 나오지 못하게 하고 있다. 현재의 국가적 비상 시국에서 우리 청년들은 현 정권에 대하여 강력히 분노하며 혼란스러움을 감출 수가 없다. 언론을 통해 드러나고 있는 일련의 사건들이 모두 진실이라면 우리는 지금까지 민주주의 국가가 아닌 최순실과 그의 사적 조직이 군림하는 왕정국가에서 살아가고 있었단 말인가?
왜 우리 청년들이 실현하고 지켜온 정의의 역사와 노력을 부끄럽게 만드는가.
대한민국의 역사는 정의를 실현해온 역사이다. 독립운동의 역사, 반독재의 역사, 민주화 운동의 역사 등 수많은 정의의 역사들이 지금의 한국사회를 만들었다. 오랜 시간에 걸쳐 수많은 청년의 노력과 희생으로 이뤄낸 민주주의의 가치가 이렇게 쉽게 무너지고, 이를 지켜내지 못한 것에 대해 비통한 마음을 금할 수 없다. 또한, 최순실과 박근혜 정권이 민주주의를 유린한 것도 모자라 그의 딸인 정유라의 행태는 우리 청년들의 가슴에 깊은 절망감을 남겼다. 정유라는 이화여대 특혜 입학과 개인을 위한 학칙 수정, 교수들까지 쥐락펴락하는 금수저를 뛰어넘는 신의 수저에 버금가는 짓들을 해왔으며, SNS를 통해 '돈도 실력이니 돈 없으면 부모를 원망하라'는 망언까지 하였다. 이러한 행태는 이 땅의 수많은 청년들이 밤낮없이 땀 흘리며 공부하고 아르바이트를 하는 등의 미래를 위한 정의로운 노력들을 폄하한 것이며 노력하면 이룰 수 있다는 청년들의 꿈에 자괴감이 들게 하였다.

최순실의 국정농단 그 끝은 어디인가.

그럼에도 불구하고 박근혜 대통령은 사건에 대한 제대로 된 변명이나 해명 하나 없이 사전 녹화된 영상만으로 이 큰 사건들을 끝내려 하였다. 대통령 사과는 황당한 변명에 불과했고 진정성과 책임성을 찾아볼 수 없었다. 이것은 국민을 기만한 것이며, 우롱한 것이다. 이미 현 박근혜 정부에 대한 국민들의 불신은 사상 최대에 달했고, 어떠한 사과도 진정성 있게 받아들일 수 없게 되었다. 그리고 거미줄처럼 연결되어 하나하나 밝혀지는 비리와 최순실 일가가 누리던 특권들은 그 끝을 알 수가 없다. 최순실의 귀국과 함께 제대로 된 검찰 조사를 바라고 있지만 시작부터 즉시 소환이 아닌 최순실의 편의를 봐주는 등의 검찰 행동으로 보아 과연 제대로 된 조사가 이루어질 것인지 의문스럽다.

우리가 대한민국의 주인이다.

우리 근현대사 속에서 한국 YMCA와 YWCA의 청년들은 기독학생의 사회적 책임을 다하기 위해 민주화 운동에 동참한 역사의 주체들이었다. 우리는 대한민국이라는 민주국가의 주인으로서 청년들의 희생으로 얻어진 민주주의를 다시 세우고 잘못된 것들을 바로잡고자 다음과 같이 요구한다.

하나. 우리는 박근혜 대통령에게 이미 대통령으로서의 자격이 없음이 밝혀진 이상, 그에 따른 합당한 책임을 지고 퇴진할 것을 요구한다. 대통령이 여왕처럼 국민 위에 군림하고자 한다면 그것은 대통령이 아니다.

하나. 우리는 국가의 주인인 시민이자 앞으로의 사회를 이끌어갈 청년으로서 정의로운 미래사회를 위해 성역 없는 수사와 투명한 절차로 이 사태의 모든 진상을 낱낱이 밝혀낼 것을 요구한다. 또한, 이 사태에 연루된 박근혜·최순실 정권의 관련 책임자들을 법에 따라 엄중히 처벌할 것을 요구한다.

국가의 주인으로 말한다! 박근혜 대통령은 퇴진하라!

최순실과 그 집단들의 성역 없는 수사와 처벌을 감행하라!

2016년 11월 1일
동덕여자대학교 시국선언 참가자 일동

꼭두각시 대통령, 비선실세 논란 책임지고 하야하라.

현재 대한민국은 박근혜 정권의 비선실세 논란으로 인해 민주주의의 뿌리가 흔들리는 상황이다. 최순실의 자녀가 이화여대에 부정입학한 사실로부터 드러난 최순실 게이트는 한 개인이 국방, 행정, 외교, 국가 기밀까지 범국가적 영역에 개입한 사실이 더해져 대의 민주주의에 심각한 훼손을 가져왔다. 최순실의 국정농단은 최순실 하나로 끝이 아니다. 최근 언론에서는 진짜 비선실세는 최순실의 언니 최순득이라는 논란까지 더해져 그 실체를 가늠할 수 없는 상태이다.

10월 30일 최순실이 입국하였는데도 검찰은 최순실을 즉각 소환하여 조사하지 않고 건강상의 이유를 운운하며 최순실의 소환시기를 저울질하고 있다. 언제부터 대한민국 검찰이 피의자의 건강상태를 배려하여 소환을 하였던가. 대한민국의 민주주의가 심각한 위험에 놓여 있는 이 시기에 비선실세 논란 그 중심에 있는 인물을 즉각 소환치 않는다는 것은 국민들을 더욱 농락하는 행위이다.

지난 4년 우리가 뽑은 대통령은 누구였던가. 박근혜 대통령이었던가. 그 위에서 국정 전반을 쥐락펴락했던 최순실의 일가였던가. 박근혜 대통령은 진실되지 않은 몇 마디의 사과와 주요 인사들을 사퇴시키는 꼬리 자르기로는 절대로 이 사태를 수습할 수 없다는 것을 알아야 할 것이다. 대한민국은 민주주의 국가이며 헌법이 존재하는 법치주의 국가이다. 민주주의를 훼손시킨 박근혜 대통령과 최순실 일가는 명명백백한 진상조사를 통해 법의 심판을 받아야 할 것이다.

혼용무도昏庸無道, 무능하고 어리석은 군주로 인해 세상이 온통 어지럽고 무도하다는 의미의 사자성어이다. 이 사자성어가 딱 들어맞는 현 시국에 우리 8000 민주 동덕인들은 가만히 있을 수 없다. 작금의 사태를 절대 방관하지 않고 일어나 규탄과 분노의 목소리를 낼 것이다. 또한 대한민국의 민주주의가 더 이상 무너지지 않도록 행동할 것이다. 이에 8000 민주 동덕인은 다음과 같이 요구한다.

하나, 박근혜 정권 비선실세 국정농단 사건에 대한 검찰의 성역 없는 수사로 모든 논란을 명명백백히 조사하기를 요구한다.

둘, 봉건 시대에도 발생하지 않을 헌정 사상 초유의 국기 문란 사태에 국민들이 느끼는 분노와 허탈감에 대해 현 지도부의 책임 있는 사과를 요구한다.

셋, 권력을 사유화하고 국민들을 우롱한 박근혜 대통령의 하야를 요구한다.

2016년 11월 1일
민주노총 경남본부

국민의 명령이다, 박근혜 대통령은 물러나라.

최순실을 엄벌에 처하라. 우리 국민들은 최순실과 패거리들에게 권력을 부여하지 않았다. 그러나 최순실 패거리들은 수년 동안 국정을 농단하고, 이권을 취하며 온갖 패악질을 부렸다. 이들에 대한 성역 없는 수사를 기대한다. 그러나 우리는 지금껏 권력에 대한 검찰의 태도를 보았다. 그러므로 특검으로 낱낱이 밝혀야 한다. 국정농단의 뿌리를 캐야 한다. 주동자들과 부역자들을 모두 처벌해야 한다. 최순실 패거리들에게는 그 어떤 관용도, 예외도 있을 수 없다.

새누리당은 해체하라. 새누리당, 특히 이른바 "친박"을 넘어 "진박"을 자처하던 정치 패거리들은 무얼 하고 있는가! 박근혜를 앞세워 온갖 특권에, 권력 놀음에 빠져 떵떵거리던 이들 아니던가! "친박" 정치 패거리들은 국정농단의 공동정범이다. 정치적 탄핵의 대상이다. 죗값을 다하려면 먼저 자리에서 물러나야 한다. 그리고 사법적 책임을 다해야 한다. 아울러 박근혜와 최순실, 친박 패거리에 기생하여 나라를 이렇게 만든 새누리당은 해체해야 한다. 더 이상 변명이나 수습책을 들이밀어 국민들을 아프게 하지 말아야 한다.

박근혜 대통령은 물러나라. 권력자의 가장 나쁜 죄는 권력을 사유화하는 것이다. 권력의 사유화는 전횡과 비리, 국정농단의 지름길이다. 최순실 패거리, 친박 패거리 등 박근혜 권력에 빌붙어 호가호위하던 세력들을 엄벌해야 한다. 박근혜 대통령은 그들을 철저히 비호하고 지원했으며, 전횡과 위법에 관여하였다. 모든 문제는 박근혜 대통령에게서 비롯된 것이다. 이제라도 진실을 밝혀야 하며, 수사에도 임해야 한다. 숨으려거나 변명하거나 덮으려 해서는 안 된다. 국민적 분노는 한계에 이르렀다. 스스로 결단하고 내려놓아야 한다. 모든 정치적 사법적 책임을 다해야 한다.

노동자들은 선언한다. 우리의 위와 같은 요구가 이뤄질 때까지 투쟁할 것이다. 박근혜 대통령과 최순실 패거리, 새누리당 정치 패거리들이 망친 나라를 다시 일으켜 세울 것이다. 아프고 힘들지만 다시 희망을 일굴 것이다. 이 땅에 살기 위해 우리는 투쟁하고 연대할 것이다. 다가오는 11월 4일 창원에서 창원시민, 경남도민들과 함께 투쟁을 선언할 것이다. 11월 12일, 전국의 노동자 농민 시민들과 어깨 걸고 총궐기에 나설 것이다. 박근혜가 물러나는 그날까지 함께 투쟁할 것이다.

2016년 11월 1일
민주주의 수호와 대통령 하야를 촉구하는 인천대 교수 일동

대통령의 하야가 침몰하는 민주주의를 구하는 길이다.

"이게 나라입니까?" "나와라 최순실, 나가라 박근혜" 후손들에게 부끄럽지 않기 위해 시국선언과 집회에 참여했다는 한 시민의 외침이다. 최순실 게이트로 불리는 작금의 사태는 대통령과 주변 세력들의 단순한 권력형 비리나 국정 농단의 문제를 넘어선다. 이번 사태는 그동안 국가권력을 사유화하면서 부당한 이익을 추구해온 반민주 세력의 적폐가 한꺼번에 터져 나온 비통하고 참담한 역사적 결과물이다.

세월호의 어린 학생들 영혼이 아직도 구천을 맴돌고 있고, 생존권을 외치던 농민은 사인조차 왜곡당하며 이 세상을 떠나고 말았다. 국가권력을 참칭한 각종 재단의 비리와 축재 활동을 보며, 열심히 일하는 노동자와 취업을 위해 모든 것을 희생하는 젊은이들은 허망함을 넘어 국가의 존재 이유를 의심스러워하는 지경이 되었다. 만천하에 드러난 대한민국 정권의 민낯이 괴승 라스푸틴이 전횡하던 제정 러시아에 비유될 정도이니, 그야말로 자괴감과 분노를 감출 수 없다. 대한민국은 '문고리 3인방'이니 '십상시'니, '비선실세'니 하는 반민주적인 해괴한 말들이 나돌고, 권력을 쟁취하고 행사하기 위해 거짓말과 협박, 음모와 탄압이 난무하는 나라가 되었다. 민주공화국의 근본이 이렇게 무너졌으니 책임의식이 있을 리 없다. 이 나라는 권력자와 고위층에게는 권한만 있지, 어떤 일이 일어나도 책임이 없는 이상한 나라가 되었다. 이것이 바로 우리나라 정치의 현주소이고, 일개 무자격자가 헌법과 국정을 유린할 수 있었던 배경이다. 이미 민주주의의 기본원칙이 훼손될 대로 훼손되었기 때문에 불법적인 권력이 독버섯처럼 번성할 수 있었던 것이다. 민주공화국이 썩지 않았다면 어떻게 공화국 안에서 봉건시대의 유령들이 활개 칠 수 있겠는가.

수많은 국민들이 고통과 희생으로 쌓아 올린 민주공화국의 가치가 흔들리고 있다. 후손들에게 더욱 공고하게 물려주어야 할 민주주의의 이념이 지속적으로 짓밟히다 드디어 파탄지경에 이르렀다. 참담한 상황이다. 어찌 해야 하는가? 온 국민을 비탄에 빠뜨린 이 사건을 명명백백하게 규명하고 관련자들을 엄정하게 처리해야 하는 것은 물론이다. 그러나 이 정도의 상식적 처방으로는 병든 대한민국을 치료할 수 없다. 곪을 대로 곪은 환부를 송두리째 도려내야 그나마 희망이 있다. 이를 위해선 우선 이 모든 헌정질서 파괴의 장본인이자 책임자인 박근혜 대통령이 국민 앞에 깊이 사죄하고 대통령직에서 물러나야 한다. 국민이 위임한 엄중한 국정의 권한을 불법적으로 사용함으로써, 대통령은 이미 국가원수이기를 포기하였다. 직위의 정당성을 상실했음은 말할 것도 없고, 헌법과 법률을 위반하였으며 실체적 진실을 규명해야 할 수사의 대상이 되었다.

집권 이후 통치행위의 결정판인 작금의 사태는 한 정권의 비리나 부패의 차원을 넘어 대한민국의 민주주의가 위기에 처해 있음을 보여주는 상징적 사건이다. 다시 말해 어떤 경우에도 우리가 사수해야 할 민주주의의 존망이 걸린 문제이다. 대통령은 국민의 권리를 위임받은 한시적인 대리자일 뿐이다. 대통령은 사라지지만 국민은 영원하다. 우리가 필사적으로 구해내야 하는 것은 침몰하는 대한민국의 민주주의다. 그만큼 위급하고 심각하다. 이 준엄한 역사적·민족적 지상명령 앞에서 박근혜 대통령이 대통령으로서 마지막으로 할 수 있고 해야 하는 일은, 하야하는 것이고 법 앞에 모든 진실을 밝히는 것이다. 책임져야 할 사람이 책임지지 않는 나라가 어떻게 바로 설 수 있겠는가. 거리에서, 어둡고 추운 감옥에서 민주주의를 위해 목숨을 바친 선열들의 넋이 지금 우리를 지켜보고 있다.

2016년 11월 1일
민중총궐기투쟁본부

국민의 명령이다. 박근혜는 대통령직을 반납하라.

박근혜-최순실의 국정농단에 국민들의 분노가 하늘을 찌르고 있다. 국민에겐 불통독재였지만 최순실과는 권력을 공유한 내통관계임이 드러났다. 국민주권을 비선 섭정권력이 농락한 사상초유의 헌법파괴 범죄이다. 민심은 참담함을 넘어 폭발 직전의 용광로처럼 끓어오르고 있다.

박근혜-최순실이 종횡무진 국정을 농단한 지난 4년 참으로 많은 참극이 벌어졌다. 세월호가 침몰했고, 대통령은 7시간 동안 무엇을 했는지 밝히지 않고 있다. 통일은 대박이라는 흡수통일 구호가 나오며 대립은 격화되었고 개성공단은 폐쇄되었다. 모두가 반대함에도 친일 독재미화 교과서라고 하는 역사교과서 국정화가 추진되었다. 재벌자본의 검은돈이 권력자들에게 흘러들어갔고 청부 노동개악이 집요하게 추진되었다. 외교부장관도 모르게 오로지 미국만을 위한 사드배치가 밀실에서 결정되었다. 아버지의 한일 굴욕협상을 뛰어넘는 한일 위안부 야합이 그 딸에 의해 이루어졌다. 쌀값 공약을 지켜라 요구하며 거리에 나온 70대 농민이 경찰의 살인폭력에 목숨을 잃었다.

이 모든 폭압과 폭정이 박근혜-최순실 일당의 국정농단과 관련이 없다는 어떠한 증거도 밝혀지지 않았다. 우리는 이미 드러난 비선 밀실권력의 국정개입과 농단만으로도 박근혜 정권의 모든 불법적 정책 결정이 원천무효임을 선언한다.

헌법파괴 국정농단의 몸통을 발본색원하는 유일한 길은 박근혜 선 퇴진이다. 대통령 자리를 꿰차고 있는 시간은 증거인멸의 시간이고 은폐와 조작의 시간이다.

박근혜의 검찰은 종범 최순실을 앞세워 주범 박근혜를 숨기는 퍼포먼스를 중단하라. 박근혜-최순실 권력에 부역해온 부패한 검찰은 박근혜 게이트를 수사할 자격이 없다.

거국중립내각은 박근혜를 살리기 위한 민심호도 국민무시 정치공작이다. 10월 31일 여론조사결과 거국중립내각 구성 찬성은 17퍼센트에 불과하고, 국민의 80퍼센트는 박근혜에 대한 철저한 진상조사와 처벌 그리고 즉각 퇴진과 새로운 대통령 선출을 원하고 있음이 확인되었다. 지금은 박근혜를 위한 중립과 수습을 말할 때가 아니다.

국민주권을 농락한 자는 국민들이 심판할 것이다. 박근혜-최순실 권력에 부역한 자들이 득실거리는 새누리당은 수습을 말할 자격이 없고, 야당들은 국민이 부여한 여소야대 국회권력으로 야합의 정치를 해서는 안 된다. 박근혜에게 묻겠다.

전 세계가 박근혜-최순실 게이트를 조롱하고 있는데 외국에 대하여 국가를 대표할 자격이 있는가? 권력을 통째로 민간인에게 위탁하고도 헌법을 수호할 대통령의 책무를 다할 수 있는가? 개성공단 폐쇄와 사드배치 결정에 비선실세 개입의혹이 난무하는데 조국의 평화적 통일을 위한 의무를 다할 수 있는가? 최순실과 그 패당들이 청와대를 좌우지하며 행정권을 농락했는데 정부의 수반이 맞는가?

박근혜는 더 이상 헌법이 부여한 대통령으로서 지위와 역할을 수행할 자격이 없다. 스스로 하야하고 처벌받지 않는다면 민중에 의한 역사의 심판은 더욱 가혹할 것이다.

민중총궐기투쟁본부는 10월 29일 박근혜 퇴진 촛불행진에 쏟아져 나온 국민의 분노가 얼마나 큰지 확인한 바 있다. 어느 누구도 국민 위에 있을 수 없음을 확인한 날이었다.

우리는 오늘 시국농성에 돌입하면서 매일 이곳에서 박근혜 퇴진 촛불을 밝힐 것이다. 서울뿐만 아니라 전국 각지에서도 박근혜 하야와 퇴진을 요구하는 촛불행진이 진행된다.

국민들께 호소드린다. 농락당한 국민주권을 국민의 힘으로 되찾자.

한 명이 말하면 욕이지만 10만이 모이면 민심이 되고 100만이 모이면 국민의 명령이 된다. 11월 5일 10만의 박근혜 퇴진 촛불행진으로 다시금 민심을 보여주자.

11월 12일, 100만 민중총궐기로 박근혜에게 준엄한 국민의 퇴진명령을 내리자. 1퍼센트 권력과 자본이 아닌 민중의 단결된 힘이 부당한 역사를 바꿔 왔음을 보여주자.

박근혜는 하야하라. 결단하지 않는다면 국민의 힘으로 퇴진시킬 것이다.

2016년 11월 1일
불교단체 공동행동

헌정유린 국민기만 박근혜는 하야하라.

백성들 모두 괴로움 받는 것은 왕의 법이 바르지 못한 데 있네… 백성들 모두 즐거움 누리는 것 그것은 왕의 법이 바른 데 있네.

그러므로 왕이 바른 법 행하면 백성들도 그 따라 편안하리라.

(증일아함경 17. 안반품 제 11)

각종 언론보도를 통해 박근혜 대통령의 국정운영 전반에 걸쳐 최순실이 직접적으로 개입했음이 폭로되었다. 그 범위는 연설문부터, 주요 인사, 각종 문화·경제정책, 심지어 국가 외교·안보에 이르기까지 상상을 뛰어넘는 초유의 국정농단 사태에 국민들은 아연실색하고 통탄을 금치 못하고 있다. 대한민국 헌법 제1조는 민주공화정과 국민주권을 선언하고 있다. 즉, 국가의 주권은 국민에게서 나온다. 그러나 비선실세 최순실의 국정농단이라는 충격적인 사태는 민주주의와 헌정질서의 유린이라는 초유의 상황을 국민들에게 적나라하게 보여 주었다. 박근혜 대통령은 주권자인 국민을 배신하였고, 이에 국민들은 대통령의 퇴진을 요구하고 있다.

정부는 국민이 위임한 주권을 오로지 공익을 위해, 그리고 공적인 목적을 위해 행사해야 한다. 하지만 박근혜 대통령은 국민이 위임한 신성불가침의 주권을 최순실을 비롯해 그와 연줄을 맺은 소수의 개인에게 그대로 양도하여 사익추구의 수단으로 사용하게 했다. 우리는 박근혜 정부하에서 세월호, 국정교과서, 개성공단 폐쇄, 위안부 합의, 사드 배치 결정 등의 많은 정책과 국정 운영의 혼맥상이 또한 이러한 비선실세들의 농간과 사리사용에 의한 것이라는 합리적인 의심을 품지 않을 수 없다.

대한민국의 민주주의와 헌정질서가 최순실이라는 한 사인에 의해 철저히 유린당한 이런 엄혹한 상황에도 박근혜 대통령은 진실된 사과를 하지 않았다. 단지 박근혜 대통령은 녹화된 기자회견을 통해서 진정성 없이 변명과 사실관계의 축소로 일관할 뿐이었다. 최소한의 양심과 책임감이 실종된 정권에게 더 이상 기대할 것은 남아 있지 않다.

박근혜 대통령은 국민주권을 무시하고, 헌법이 규정한 대통령의 헌법수호 책무를 방기함으로써 권력을 위임한 국민과 헌법을 스스로 부정하였으며, 이에 대한 반성 또한 하지 않았다. 한마디로 대통령으로서 자격이 없는 것이다. 이에 우리는 헌법질서와 민주주의의 회복을 희망하며, 대한민국의 주권자로서 대통령의 진정한 참회와 하야를 강력히 촉구한다.

또한 우리는 객관적이고 엄중한 수사로 이 사태의 진실을 명백히 밝힐 것을 요구한다. 현재 보이지 않은 세력에 의해 짜 맞춘 듯 수사를 진행하고, 진실을 감추려는 움직임에 경고한다. 대통령을 포함한 청와대 참모진, 국무위원, 국회의원 등 그동안 비선권력의 전횡에 직접 관련이 있는 자들은 반드시 법적, 정치적 책임을 져야 하며, 나아가 그 모든 것을 가능케 한 모든 자들도 국민의 준엄한 심판 앞에 자유로울 수 없다.

우리 불자들은 국민의 한 사람으로서 또한 "중생의 이익과 안락을 위해 길을 떠나라"고 하신 부처님의 전도선언에 따라 우리 국민의 이익과 행복을 위해 박근혜 대통령과 최순실 그리고 알면서도 묵인하고 동조한 모든 바르지 못한 세력이 뉘우치고 물러날 수 있도록 온 국민과 함께 힘써 나갈 것을 천명한다.

2016년 11월 1일
성신여자대학교 총학생회

잃어버린 우리의 자주自主

자주. 남의 보호나 간섭을 받지 않고, 스스로가 주인이 되어 다스리는 상태를 말한다. 우리의 역사는 자주의 역사다. 인류는 역사를 통해 그 누구에게도 스스로를 기탁하지 않고, 나를 온전히 다스릴 권리와 온전히 책임질 수 있는 능력을 쟁취해냈다. 그렇게 우리는 스스로를 책임지고, 동등한 인격체로서 자의로 연대하며 사회를 이루고 운영해왔다. 민주정치 또한 그렇다. 스스로 독립된 시민들이 모여서 이해관계를 조정하며 다수의 사람들에게 보다 적합한 것을 선택해왔다. 그러나 이런 민주정의 기본이 무너지는 일이 발생했다.

사이비 교주의 딸이자 후계자인 최순실이 박근혜 대통령을 통해 국정에 개입한 사실이 밝혀졌다. 그는 한 국가의 비전을 설정하는 국무 회의 자료와 연설문을 사전에 받아 수정했고, 각종 외교 정책과 국책 사업 계획을 직접 수립해왔다. 5천만 국민이 직접 투표한 대통령은 허수아비에 불과했고, 그녀의 발언과 정책 심지어는 마음조차도 스스로의 것이 아니었다. 2012년 18대 대선, 국민 절반은 사실상 박근혜가 아닌 최순실에게 표를 던진 것이나 다름없으며 대한민국의 민주주의는 무너졌다.

그러나 이 사태를 최순실과 박근혜 두 사람의 잘못으로만 몰아갈 수는 없다. 정계와 재계가 긴밀한 유착 관계를 갖고, 서로의 이권을 보장해주는 기존의 구조가 존재하지 않았더라면 최순실이라는 괴물은 탄생할 수 없었을 것이다. 이것은 하루 이틀 끓어오르고 사라질 가십이 아니다. 박근혜 정부가 4년간 쌓아온 비리와 의혹이 바로 지금의 '최순실 사태'를 낳은 것이다. 부패한 구조는 자격이 없는 자가 국가수반의 권력을 대신 휘두르고, 이토록 공개적으로 국정을 농단하는 것을 허용했다. 심지어는 민주주의가 무너져 내리는 지금의 상황에서도 많은 정치 인사들을 침묵으로 일관하게 했다. 우리 스스로 선출한 자가 자주自主하지 못했다는 것, 그로 인해 우리의 국가도 자주를 잃었다는 것을 직면해야 한다. 더불어 우리는 이 모든 것을 알고 있었음에도 아무 말도 하지 않은 책임자들을 결코 좌시할 수 없다. 최순실은 단순한 개인이 아니다. 대통령 또한 마찬가지다. 일개 민간인에게 국정 전권을 넘겨버린 것, 그리고 그로 인해 최순실 일파가 누려왔던 부당이득을 명명백백하게 규명하고 책임을 물어야 할 것이다.

우리는 주권을 가진 국민으로서 부패한 정권에 대한 심판을 이어나갈 것이다. 우리는 박근혜 대통령이 책임을 지고 사퇴할 것과 밝혀지지 않은 의혹들을 낱낱이 규명할 것을 촉구한다. 더불어, 최순실의 전횡을 가능케 한 조력자들 역시 공정한 심판을 받아야 할 것이다.

2016년 11월 1일
의료연대본부

대한민국 국민 모두가 몇 주일이 지나도록 충격과 분노에서 벗어나지 못하고 있다. 매일매일이 영화보다 영화 같고 삼류 드라마보다 더 드라마 같은 사실들이 드러나고 있다.

한 나라의 대통령이 최순실 일당과 짜고 국정을 조종했고, 국정운영 전반에서 국민들은 희롱당했다. '최순실이 가장 좋아하는 일이 대통령의 연설문을 수정하는 일이다'라는 말이 나왔을 때 청와대 이원종 비서실장은 "봉건시대에도 있을 수 없는 일"이라고 했다.

하지만 이후 언론에서는 대통령의 연설문과 비공개 회담 시나리오, 외교 문서까지 담겨 있는 최순실의 PC가 공개됐고 대한민국은 봉건시대보다 못한 꼴이 되어버렸다.

최순실이라는 한 민간인에게 거대 기업들이 머리를 조아리고 수백억의 돈을 건넸다. 대기업들은 마치 압박으로 인해 돈을 내놓을 수밖에 없었던 것처럼 이야기하며 스스로를 피해자로 위장하고 있다.

그러나 대기업들이 뒤로는 최순실에게 수백억을 건네면서 앞으로는 박근혜 대통령에게 무엇을 요구하였나? 해고를 마음대로 할 수 있는 노동개악을 주문했고, 안전을 위한 장치를 만들지 않아도 되는 규제완화를 주문했다.

결국 진짜 피해자는 노동자-민중이다. 박근혜 정권 4년 동안 노동자-민중은 20대 젊은 청년이 비정규직이라는 이유만으로 전동차에 치여 생을 마감하는 것을 지켜봐야 했고, 304명의 생명이 수장되는 걸 생방송으로 지켜봐야 했다.

대통령에게 쌀값 공약을 지키라고 외쳤던 한 농민은 공권력에 의해 목숨을 잃었다. 국민들은 자신과 가족의 삶을 스스로 지키기 위해 더욱더 열심히 일하고 견뎌왔으나, 돌아온 것은 결국 최순실의 국정농단에 의해 이 모든 사태가 초래되었다는 허탈한 진실뿐이다.

지금도 마찬가지다. 정부는 국민들의 생명과 안전을 성과경쟁에 내몰고 있고, 막무가내식 노동개악에 노동자들은 노동권을 박탈당하고 있다.

철도 등 파업을 진행하고 있는 공공기관 노동자들은 국민들의 생명과 안전을 내버리겠다는 정부에 맞서 36일째 투쟁을 진행하고 있다.

그러나 박근혜 대통령을 뒤에 업은 공공기관장들은 대체인력으로 시민의 안전을 위협하고 노동자들을 탄압하기에 급급하다.

박근혜 정권은 이미 끝났다. 박근혜 정권의 지지율은 10.4퍼센트까지 낮아졌고, 20대 청년층에서의 지지율은 5.3퍼센트로 바닥을 치고 있다. 국민들은 더 이상의 국정농단을 거부한다.

빠른 시일 내에 가해 당사자인 박근혜 대통령을 철저히 조사해서 사태에 걸맞은 책임을 지게 해야 한다.

우선적으로 공공기관을 자본의 요구대로 하기 위한 민영화와 성과급제를 즉각 중단하고, 국가폭력에 의해 돌아가신 백남기 농민 사망과 관련하여 철저한 진상규명과 책임자를 처벌하라!

무너진 국정운영체계를 바로잡아야 하는 것은 물론이고, 국민의 뜻을 거슬러 행해졌던 것들이 바로잡혀야 국정은 비로소 정상화될 수 있다. 국민들의 분노가 더 커지기 전에 이 사태를 초래한 박근혜는 퇴진하고, 새누리당은 해체되어야 한다.

2016년 11월 1일
한국천주교주교회의 정의평화위원회

"평화는 정의의 열매이다"(이사 32:17 참조)

"우리는 모두 언젠가 하느님의 심판을 받게 될 것이며, 아무도 이를 피할 수 없습니다. 여기에는 부패를 저지르거나 그에 연루된 사람들도 포함됩니다. 사회의 이러한 곪은 상처는 개인 생활과 사회 생활의 근간을 위협하기 때문에 하늘에까지 이르는 중대한 죄입니다. 부패는 우리가 희망을 가지고 미래를 바라보지 못하게 합니다. … 공개적으로 부패와 맞서 싸우지 않으면, 우리는 모두 언젠가 부패에 가담하여 우리의 삶을 파괴하고 말 것입니다"(「자비의 얼굴」, 19항).

'한국천주교주교회의 정의평화위원회'는 헌정 사상 초유의 국정 농단 사태와 이와 연관된 수많은 정·관·재계의 부정과 부패 의혹에 대하여 다음과 같은 입장을 천명한다.

1. 대통령은 국민 주권과 법치주의를 유린한 전적인 책임을 져야 한다.

민주주의 국가의 정치권력은 국민으로부터 나온다. 이른바 '비선 실세'를 통한 국정 개입은 국민 주권과 법치주의 원칙을 유린한 반헌법적 행위이다. 대통령은 자신의 과오를 뉘우치고 민주주의를 회복하려는 진지한 자세로 국민의 뜻을 존중하여 책임 있는 결단을 해야 한다.

2. 관련자 전원에 대한 엄정한 수사로 진실을 규명해야 한다.

본 위원회는 이번 사태의 관련자들에 대한 엄정하고 투명한 수사와 공명정대한 재판을 강력히 촉구한다. 도덕 원칙과 사회 정의 규범을 한꺼번에 짓밟는 정치적 부패는 국가의 올바른 통치를 위협한다(「간추린 사회 교리」, 411항 참조). 어떠한 불의와도 결탁하지 않는 용기와 엄정한 법 집행이 조속한 국정 정상화와 국민 신뢰 회복을 위한 우선적 과제이다. 책임 전가나 사실 은폐 및 수습 지연은 국정 공백과 민심의 공황 상태를 가속화시킬 뿐이다. 또한 현재의 국가 위기를 이용하여 자신의 이익을 도모하려는 그 어떤 세력들의 부당한 개입을 거부한다.

3. 가톨릭교회는 정의구현 소명의 등불을 밝힐 것이다.

교회는 정의에 위배되는 죄악의 구조를 반대한다(「사회적 관심」, 37항 참조). 공동선에 심각한 해악을 주는 권력 구조는 반드시 개혁되어야 한다. 교회는 세상을 바꾸고 진실한 가치를 전달하며 더 나은 세상 건설을 위해 투신하는 참다운 신앙의 소명을 실천할 것이다(「복음의 기쁨」, 183항 참조). 또한, 교회는 그동안 예언자직을 온전히 수행해 왔는지를 겸허히 반성한다. 신자들은 정의와 평화에 투신하기 위해 하느님께서 주신 힘과 수단을 유용하게 활용해야 할 의무(「가톨릭교회 교리서」, 2820항 참조)를 기억하며, 현 사태에 관심을 기울이고 민주주의의 회복을 위해 적극 참여해야 한다. 또한, 국정의 정상화와 국가의 안정을 위하여 인내하고 기도하면서 함께해야 할 것이다. 현재 직면한 위기가 어둠과 절망으로 끝나지 않고 참다운 정의와 평화로 열매 맺을 수 있도록, 온 국민의 지혜와 노력을 모을 때이다. 수많은 희생을 통하여 지켜낸 이 땅의 민주주의가 건강하게 회복되기를 간절히 기도하며 희망한다.

2016년 11월 2일
국가안보와 민생안정을 바라는 종교·사회·정치계 원로 22인

초당적인 거국내각 구성으로 국가비상사태를 극복해야 합니다.

지금 대한민국은 국가비상사태입니다. 안보위기와 경제 불안이 고조되는 지금, 국정운영 자체가 어려워지는 심각한 위기에 직면했습니다. '최순실 게이트'로 박근혜 대통령의 지도력과 도덕성은 상실되고 국정운영의 신뢰와 정당성은 붕괴되고 말았습니다. 박 대통령은 사적인 국정운영으로 권력을 사유화하고, 국가기강을 무너뜨림으로써 대한민국 헌법의 근간을 흔들었습니다. 그 결과 국가의 품격과 국민의 자부심은 심각한 손상을 입었습니다. 국민들의 불신과 분노, 배신감과 절망은 걷잡을 수 없이 확산되고 있습니다. 이 같은 국민의 절망과 민심의 동요, 국정의 혼돈이 계속된다면 대한민국은 표류하고 말 것입니다.

오늘 국가안보와 민생안전, 그리고 민족의 화해와 평화를 바라는 종교·사회·정치 원로들은 나라 전체가 파국으로 치닫는 것을 막기 위해 박근혜 대통령과 여야 정치권, 국민 여러분에게 간절한 마음으로 호소합니다.

무엇보다 먼저, 초당적인 거국내각을 신속히 구성할 것을 제안합니다.

거국내각은 사유화된 국가권력을 국민에게 되돌리고, 상처받은 국민의 마음을 회복하고 통합해 총체적인 국가위기를 극복하는 최선이자 최우선의 길입니다. 여야 정치권이 합의하고 국민이 동의할 수 있는 인물을 총리로 임명하고, 새 총리가 여야 대표와 협의해 새로운 내각을 구성해야 합니다. 거국내각은 총리 책임하에 국가운영을 안정시키고, 경제와 안보 위기를 슬기롭게 극복해 나가야 합니다. 거국내각은 또 '최순실 게이트'에 대한 철저한 진상규명과 책임자 처벌, 그리고 차기 대통령 선거 일정 및 개헌과정을 엄정 관리해야 합니다.

박근혜 대통령은 초당적인 거국내각 구성을 위해 결단해주시기 바랍니다. 그리고 모든 국정운영을 거국내각에 맡겨야 합니다.

새누리당은 오늘의 이 비상사태에 대한 책임을 통감해야 합니다. 그동안 민의를 국정에 제대로 반영하지 못하고 청와대에 맹종함으로써 국민의 신뢰를 상실했습니다. 빠른 시간 내에 전면쇄신하고 거국내각 구성에 적극 협조하기 바랍니다.

더불어민주당과 국민의당을 비롯한 야당들은 국가비상사태를 당리당략으로 이용하지 말고 대승적 차원에서 국정 정상화에 적극 협력해 줄 것을 요청합니다. 하야나 탄핵으로 국정의 공백을 초래하는 것은 국가의 불행이라는 데 인식을 같이 해주길 바랍니다. 그리고 여야를 망라한 대선주자들은 거국내각 구성을 지지하고 적극 협력해 주기 바랍니다.

국민의 버팀목인 공직자들은 사회 분위기에 동요하지 말고 자신의 업무수행에 전념해 주시기 바랍니다. 특히 국가안보를 책임지고 있는 국군은 국민의 안전과 민주주의 수호를 위해 안보태세에 빈틈이 없도록 전력을 다해 주시기 바랍니다.

끝으로 국민 여러분께 호소합니다.

국가비상사태를 슬기롭게 극복하는 힘은 이 나라 주인인 국민 여러분으로부터 나옵니다. 국민에게 권력을 위임받은 일부 정치세력의 국정농단은 단죄하되, 국정운영이 정상화되도록 힘을 모아줘야 합니다. 비상사태를 극복할 초당적 거국내각이 구성되도록 국민 여러분이 앞장서 주시기 바랍니다.

감사합니다.

2016년 11월 2일
보건의료인 2507인

박근혜 정권에게 국민의 생명과 안전의 보장을 더 이상 맡길 수 없다.
최순실 사태로 드러난 국정농단과 부패비리는 충격적이다. 우리는 믿을 수 없고 있을 수도 없는 진실을 목도하고 있다. 선출되지도 임명되지도 않은 자가 단지 대통령의 측근이라는 이유로 국정을 좌지우지하였다. 또한 그 권력을 이용해 엄청난 비리를 저질러왔다. 최순실 사태는 그동안 수많은 이들이 목숨을 걸고 싸운 이 땅의 민주주의가 처참히 유린당하고 있었다는 진실을 보여준다. 그리고 이 엄청난 농단의 핵심 인물로 지목되고 있는 자들이 여전히 정권의 요직을 차고앉아 국민을 우롱하고 있다.

이에 우리 보건의료인들은 오늘 비상 시국선언에 나서며 다음과 같이 요구한다. 박근혜 대통령과 최순실을 비롯한 측근들이 공모해 저지른 이 부패와 비리는 드러난 사실만으로도 '국정문란'이라는 한 단어로는 다 담을 수 없는, 우리 사회의 기본 원칙을 근본적으로 부정하는 행위들이다. 드러난 사실만 보더라도 최순실과 측근들은 북한과의 접촉, 일본과의 위안부협의는 물론이고 인사문제와 예산배정을 포함한 국정 전반에 관여했다. 더구나 이러한 행위들이 청와대와 정부 부처 내에서 묵인됐다. 이것은 그 어떤 말과 변명으로도 해결되지 않는 문제다. 이 사태의 진실이 명명백백히 드러나려면 비리의 실체인 대통령과 내각이 우선 물러나야 한다. 박근혜 대통령은 하야하고 내각은 총사퇴하라.

이 사태에서 재벌들은 피해자가 아니라 공범자다. 재벌들은 수백억 원의 준조세를 냈다고 불평을 하지만 재벌들은 그 대가로 현 정권하에서 매년 수조 원의 법인세 인하 혜택을 받아왔다. 박근혜 정권의 '증세 없는 복지' 정책의 실체는 재벌 특혜정책이었고 복지정책은 실종됐다. 그 결과 청년 실업이 매월 신기록을 갱신하고 빈부격차가 극심해졌으며 중산층이 무너지고 민생파탄은 극에 달했다. 또한 미르재단과 K스포츠재단을 받는 대가로 박근혜, 최순실은 국민의 생명과 안전이 걸린 의료분야를 재벌들에게 넘기려 했다. 바로 이것이 의료영리화 정책이었고 이들은 공범들이다.

박근혜 정권은 또한 역대 최악의 불통정권이었다. 사유화된 국가권력은 부패할 수밖에 없다. 박근혜 정권에게 사리사용을 위한 거래 이외의 공론장과 민주주의는 불필요했다. 국가의 존재는 국민의 생명과 안전을 보장할 때에만 성립한다. 그러나 이들에게 국민들의 생명을 지키라는 목소리는 자신들의 권력에 대한 위협이었을 뿐이다. 수백 명의 어린 생명들을 끝끝내 수장시키고야 만 세월호의 진실은 박근혜 대통령의 7시간과 함께 여전히 은폐되고 있다. 69세 노인에게 물대포를 직사하여 죽음에 이르게 한 국가폭력의 실체는 가려지고 사망원인조차 왜곡되고 있다.

최순실과 관련된 부패하고 썩어 문드러진 이 비리덩어리들은 하나도 남김없이 모두 밝혀져야 한다. 그리고 그들 모두 죗값을 치러야 한다. 그러나 박근혜가 대통령으로 있는 이상 진상규명은 불가능하다. 이들은 진상규명은커녕 지금까지 해오던 방식대로 은폐 조작과 비호로 진실을 감출 것이기 때문이다.

박근혜 대통령은 단 하루도 더는 권력의 자리에 앉아 있어선 안 된다. 우리는 다시 한 번 요구한다. 또한 사태를 이렇게까지 방치하고 부추긴 내각은 책임지고 총사퇴하고 박근혜는 하야하라. 우리 보건의료인들은 우리의 요구가 관철될 때까지 박근혜 정권 퇴진을 요구하는 모든 이들과 함께 힘을 모아 나갈 것이다.

2016년 11월 2일
전국교수연구자 시국선언자 2243인

박근혜 대통령은 권력사유화와 비선실세의 국정농단에 대해 국민 앞에 석고대죄하고 하야하라.

지금까지 박근혜 대통령은 자신을 선출해 준 국민들과 끊임없는 전쟁을 벌여왔다. 그 어느 역대 정권에서도 경험해보지 못한 대형 비리 사건이 연이어 터졌고 공권력의 자의적 동원과 남용이 극에 달했다.

세월호 대참사 발생 이후 제대로 된 조사와 수습은 고사하고 진상규명 활동마저 방해했으며, 전 국민을 상대로 해고의 일상화와 비정규직화를 노동개혁이란 미명하에 획책해 왔다. 국민의 안전은 뒷전에 미룬 채 공공부문 노동자들에게 성과퇴출제를 강요하고, 시계를 유신독재 시대로 되돌리는 역사교과서의 국정화를 강행했다. 위안부 문제는 밀실 야합으로 일본 우익 세력에 백기 투항했고 생존권을 지키고자 나온 농민을 물대포로 살해한 것도 모자라 적반하장으로 부검을 강요하는 등 현 정부가 지금까지 자국의 시민을 상대로 자행해 온 공격들은 실로 헤아리기 어려울 정도다.

지난 3년 8개월의 기간 동안 국민들은 무능하고 무책임한 정부를 바라보면서도, 국민이 선택한 대통령이 국민의 입장에 진정성을 갖고 한 번쯤 서주기를 기다려왔다. 그러나 돌아온 것은 독기 어린 얼굴로 국민과 국회를 협박하며 새로운 대국민 전쟁을 선포하는 것뿐이었다. 1987년 민주화 이래 이렇게 불통인 정권이 있었는가? 국민 위에 군림해온 현 정권의 일방통행과 집요함에 치를 떨어온 지 수년, 그러나 우리는 더 이상 참을 수 없다.

대한민국은 민주공화국이다. 민주공화국은 국민주권의 원칙하에 국가가 모든 국민의 행복을 보장하도록 노력하는 체제이며 대통령은 국가의 공공적 책무를 위임받은 최고의 공직자이다. 그러나 박근혜 대통령은 그 본분을 망각하고 봉건시대의 왕처럼 자신과 자신의 가신들을 위해 국가권력을 사유화해왔다. 21세기 대한민국에서 벌어진 불통 대통령의 이러한 지배 행태에 대한 국민들의 분노는 이미 임계치를 넘어섰다. 백성을 적으로 전쟁을 벌인 권력의 말로는 예외 없이 비참했다. 37년 전 이때가 증명해주지 않는가?

박근혜 정권의 권력사유화와 국정농단의 실체를 고스란히 드러내주는 '비선실세' 사건의 본말을 보면서 우리는 참담함과 자괴감을 감출 수 없다. 국가 예산 지원을 미끼로 자녀를 부정입학시키고 기업을 강제 동원해 사익 추구를 위한 재단을 설립한 사건만 보더라도 박근혜 대통령의 "실세배후"

최순실이 국가 권력을 통해 무엇을 얻고자 했는지 잘 알 수 있다. 대통령의 이름으로 호가호위하는 실세들을 엄벌해도 모자란 형국에 대한민국의 국가수반은 공식적 발언, 주요 정책, 그리고 핵심 요직의 인사까지 청와대 보좌체계와 정부조직을 건너뛰어 강남의 한 사무실에 있는 바로 그 실세에게 직접 국정을 맡겨왔다. 국민들이 국정의 책임자로 대통령을 뽑았는데 이 나라의 국정은 자격도 실력도 검증되지 않은 그의 지인들이 좌우해온 것이다. 도대체 박근혜 대통령은 무엇을 하는 사람이며 그동안 어디에 있었는가를 묻지 않을 수 없다. 이를 몰랐다면 대통령직을 수행할 능력이 없는 것이며 알고도 가만히 있었다면 박근혜 대통령이야말로 국정농단의 주역이자 최순실과 더불어 대한민국의 국기를 근본적으로 뒤흔든 국기문란 행위의 공범이라 할 것이다.

정치적 위기 때마다 현 정권과 새누리당은 해묵은 색깔론과 이념공세를 들고 나왔다. 그 결과가 무엇이었는가? 개성공단은 문을 닫았고 북한은 연이어 핵실험과 탄도미사일을 쏘아올리고 있다. 사드 체계를 주민의 반대를 무릅쓰고 들여와 대한민국을 갈기갈기 찢어놓지 않았는가? 그러나 이것으로도 걷잡을 수 없이 터져 나오는 비선실세 사태를 덮기 어렵자 대통령은 스스로도 누차 반대해온 개헌을 갑자기 들고 나왔다. 개헌 논란에 불을 지펴 국정농단의 책임을 회피하고 정치적 야합을 통해 정권을 재창출하겠단 그 저의는 삼척동자도 다 아는 일이며, 일고의 가치도 없는 기만이고 국민우롱이다.

현 정권의 권력사유화와 국정농단의 치부는 계속 드러나고 있다. 그 와중에 박근혜 대통령의 소위 '사과'와 이후의 대응은 더욱 가관이다. 자신의 국기문란 행위를 솔직히 인정하기보다는 책임을 피하고 거짓말로 사태를 축소하는 데 여념이 없는 모습은 그가 민주주의나 민주공화국의 의미도 모르는 추악한 권력욕의 화신에 지나지 않으며, 국가의 최고 공직자로서 전적으로 부적격임을 만천하에 드러내주었다. 한마디로 박근혜 대통령은 국가적 범법행위의 장본인이며 대통령으로서의 자격을 이미 상실한 것이다.

우리는 요구한다. 국회는 박근혜 대통령과 최순실 일파에 의한 국정농단 사태를 철저하게 파헤쳐 법의 심판대에 세울 수 있도록 특별검사와 국정조사, 청문회를 포함한 모든 수단을 즉각 동원하라. 언론을 통해 드러나고 있듯이 비선실세라 불리는 자들은 대한민국 사정기관의 최정점에 있는 청와대 민정수석의 인사에도 개입한 바 있다. 이러한 상황에서 검찰과 경찰이 자신들의 목줄을 쥐고 있는 우병우 민정수석과 소위 문고리 삼인방을 비롯한 비선실세들을 흔들림 없이 수사할 것이라 보는 것은 순진한 망상이다. 따라서 국회가 나서서 이번 사태의 본말을 하나 남김없이 밝히고, 민주적 국가로서 국가체제의 기강을 확실히 세워야 한다.

여당은 이에 어떠한 걸림돌이 되어서도 안 될 것이다. 이정현 대표를 보라. 새누리당이야말로 박근혜 정권의 친위대로서 국민들에 대한 반민주적 공격을 자행하고 오늘의 헌정파괴 행위를 방조하거나 은폐해 준 공범 아닌가? 비선실세들이 수년간 호가호위할 수 있었던 것이 그간 대통령과 관련된 모든 의혹들을 변호하고 규명시도를 방해해 온 새누리당 때문 아니었던가? 박근혜 정권 기간 동안 여당은 탐욕적 수구 기득권 세력만을 위한 반민주적 정당이었고 국정을 파탄으로 이끈 범법자들을 보호해주는 범죄자 옹호 정당에 다름 아니었다. 박근혜 대통령이 이번 소위 비선실세 사건으로 최고 공직의 자격을 상실했듯이 새누리당도 공당으로서의 자격을 상실했다 할 것이다. 당 대표와 소속 의원들은 즉각 국민 앞에 석고대죄하고 당 해체를 포함해 스스로 거취를 결정해야만 할 것이다.

마지막으로 이 모든 사건의 본체이자 책임자인 박근혜 대통령에게 다시 한 번 요구한다. 소위 비선실세들이 대통령의 이름으로 호가호위하며 국가권력을 사유화하고 사리사용을 채우는 동안 그들에 의지하며 함께 국정을 농단해 온 박근혜 대통령이야말로 말로 민주공화제의 원리를 근본적으로 부정한 반헌법적 범죄자다.

국민이 선출한 대통령에 의해 국가가 망가지는 모습을 보며 국민들은 치유할 수 없는 자괴감에 시달리고 있다. 이 모든 책임은 원천적 부적격자인 박근혜 대통령에게 있으며 더 이상 최고 공직에 단 한순간도 머물러서는 안 된다. 이 위기의 순간, 선열들의 피로 얼룩진 독립운동과 민주화운동의 장구한 역사 위에 우리 대한민국의 기초를 더욱 굳건히 해야 한다. 민주주의 독립국가로서 대한민국의 정기를 바로잡고 국민들이 미래에 대해 확고한 희망을 갖도록 하는 첫걸음은 분명하다. 박근혜 대통령은 참회하는 자세로 스스로 모든 진실을 밝히고 최고 공직자의 자리에서 물러나야 한다. 부적격자이자 헌정파괴의 주체인 박근혜 대통령의 하야를 우리 전국의 교수연구자들은 엄중히 요구한다.

2016년 11월 3일
고려대학교 총학생회

대한민국의 민주주의가 붕괴되었다. 아니, 진즉 붕괴된 민주주의를 감추고 정부가 국민을 기만해 온 사실이 만천하에 드러났다. 박근혜 대통령은 공권력의 정당성을 잃고 비선실세 최순실의 꼭두각시 노릇을 하고 있었다. 대통령의 손으로 민주주의의 기본 형식을 산산이 부순 것이다. 심지어 이를 방관한 재벌과 기득권자들은 그 대가로 자신의 사리사욕을 채울 수 있었고, 대다수 국민의 삶은 뒷전으로 밀려나 있었다.

파탄 난 시국 속 국민의 삶은 어떠한가? 사라진 민주주의 속에 부서져 간 국민의 영혼들을 우리는 알고 있다. 304명 세월호 희생자와 유가족의 울부짖음을, 구의역에서 안타깝게 죽어간 한 청년 노동자의 땀방울을, 합의금 몇 푼에 지워지는 일본군 '위안부' 피해자 분들의 뜨거운 눈물을 기억한다. 국민의 성난 목소리를 진압하는 공권력의 물대포에 생을 마감한, 한 농민의 스러져간 절규를 우리는 기억한다.

우리 대학생들의 삶 역시 다르지 않다. 민주주의를 파괴한 대가로 최순실의 딸이 대학에서 온갖 특권을 누렸음이 밝혀졌다. 이와 달리 그동안 대다수 대학생들의 삶은 끝나지 않는 학점 경쟁, 아르바이트 노동자로서의 고된 나날들로 가득 차 있었다. 찢겨진 민주주의의 한가운데 이득을 보는 자 누구이며 삶이 무너진 자 누구인가.

농락당한 국정 앞에 민주주의는 사라졌고 우리의 주권 또한 상실된 지 오래다. 대한민국은 진정, 민주주의를 무너뜨리고 국민의 절규를 모아 특권층의 사리사욕을 채우는 나라인가? 대한민국 헌법 제1조 제1항은 이렇게 말한다. '대한민국은 민주공화국이다'라고. 2016년 지금. 대한민국은 진정 '민주공화국'이 맞는가? 민주주의를 파탄 낸 박근혜 정부는 성난 민심이 두렵지 아니한가?

이러한 시국에 개탄하며, 우리 고려대학교 학생들은 민주 열사들의 뜻을 이어 나가고자 한다. 수많은 국민들이 피땀 흘려 세워낸 이 땅의 민주주의를 지키기 위해 불의에 항거하고 적극적으로 행동하고자 한다. 이 땅의 자유. 정의. 진리를 되찾아 민주주의가 무너지고 국민의 삶이 지워지지 않는 진정한 민주주의 국가로 나아가고자 한다.

이에 우리 고려대학교 학생들은 대한민국의 주권자로서 단호히 명한다.

박근혜 대통령은 현 시국에 대해 책임지고 퇴진하라!

2016년 11월 3일
동국대학교 교수 155인

이것이 국가인가? 이제라도 대통령은 '국민'을 위해 '하야'를 결단하라.

참담하다. 이것이 국가인가? 대한민국의 "권력 1위는 최순실, 2위는 정윤회, 박근혜 대통령은 3위에 불과하다"라는, 전 청와대 공직기강비서실 박관천 경정의 차마 믿기 어려웠던 폭로가 만천하에 사실로 드러났다. 최순실 게이트는 박근혜 정권에서 수없이 발생한 그 어떤 끔찍한 사태보다도 국민을 절망으로 몰아넣었다. 박근혜-최순실 게이트는 민주공화국인 대한민국의 국기를 훼손하고 국민주권과 민주주의를 정면에서 부정한 헌정사상 초유의 사태이다.

최순실 게이트를 통해 드러난 대한민국의 민낯에 우리는 우리 모두의 삶의 조건을 되짚어 볼 수밖에 없다. 국민들이, 심지어 어린아이들이 바다에서 방안에서 길에서 죽어나가고, 미래를 이어갈 청년들조차 희망을 잃어버리고, 나라가 전쟁의 위기로 내몰릴 때, 대한민국은, 박근혜 정부는 무엇을 하고 있었는가. 대통령은 도대체 어디에서 무엇을 하고 있었나. 우리가 책임을 추구할 수 있는 권력의 배후는 늘 멀고 아득한 곳에 있었다. 그런데 어렵고 어렵게 찾아낸 권력의 배후는 '겨우 최순실'이었다. 이른바 '헬조선'을 만든 대한민국 정부의 무능과 무책임은 최순실에게 국정을 위임한 '아바타 대통령'의 무능과 무책임으로부터 기인했던 것이다.

최순실이 지시한 표정과 대본으로 국민 앞에 서왔던 대통령은 도대체 국민을 어떻게 생각하는 것인가. 분노한 국민들이 '탄핵'을 넘어 '하야'를 외치고 있는 형국에, 거짓과 변명으로 점철된 '95초의 사과방송'과 '불통개각'은 국민을 또 한 번 능욕하는 추악한 행태일 뿐이다. 박근혜 정권의 전횡과 시대착오적인 현실 인식에 통탄을 금할 수가 없다. 최순실은 박근혜 대통령이 읽을 5·18민주항쟁 기념사를 최종 검토하는 과정에서 '민주주의'와 '광주시민'이라는 단어를 삭제했다. 이것은 단순한 문구의 삭제가 아니다. 최순실과 대통령 박근혜는 대한민국의 '민주주의'를 폐기해버렸다. 대한민국의 피맺힌 역사가 이룩해낸 민주주의와 짓밟힌 국민들의 자긍심에 대해 박근혜 대통령은 참회하고 사죄하며 책임져야 한다.

박근혜 대통령에게 묻는다. 왜 정치를 하는가? 왜 대통령이 되었는가? 최순실을 위한 정치가 아니라 국민을 위한 정치를 해야 할 때이다. 인생의 최측근 최순실이 저질러온 국정농단 사태의 진상을 철저하게 조사하라. 일

체의 성역이 없는 상태에서 최순실 일파를 낱낱이 조사받게 하여 국민에게 한 점 의혹이 남지 않도록 하라.

여론조사 결과 현재 박근혜 대통령의 지지율은 역대 최저인 10퍼센트대로 떨어졌다. 그에 반해 탄핵과 하야를 촉구하는 여론은 70퍼센트에 육박하고 있다. 박근혜 대통령에 대한 국민의 신임은 사실상 끝난 것이다. 이 상태로는 남은 1년 4개월의 임기 동안 정상적인 국정 운영이 불가능하다. '식물정부'가 우려되는 사태에서 국정 마비를 해소시키기 위해서는 현 내각과 지도부가 총사퇴하고 거국 내각을 구성하는 것 외에는 방법이 없다. 이 비상사태는 헌정 질서의 수호자였어야 할 대통령이 국민의 신임을 배신하고 정치적·도덕적 권위를 스스로 상실한 결과이다. 스스로 대통령으로서의 자격을 상실한 대통령이 국민을 위해 해야 할 마지막 도리가 무엇인지에 대해 진정으로 고심할 것을 촉구한다.

온 국민이 분노하고 개탄하는 이 엄중한 진실 앞에서 박근혜 대통령은 "나라의 국정책임은 대통령이 지고 나라의 운명은 국민이 결정하는 것"이라는 본인의 말에 따라 이제라도 책임지는 대통령의 의무를 다해야 한다. 박근혜 대통령은 국민의 엄중한 요구를 받들어 즉각 거국내각을 수립하고 하야하라. 오직 그러한 행동만이 벼랑 끝으로 내몰린 절망한 국민에게 일말의 희망이라도 줄 수 있을 것이다.

2016년 11월 3일
시국선언에 함께하는 사회복지인 1510인

가난하고 빈곤한 사람에게 가혹했던 권력과 시녀들은 물러나라!

배부른 자들이 무리를 지어 권력을 농간하고 배신과 꼬리 자르기로 살 길을 도모하고 연명했던 역사가 어디 하루 이틀인가. 그럼에도 우리는 지금 눈앞에 벌어지고 있는 소설 같은 권력의 아귀다툼에 침묵의 금을 버리고자 한다. 박근혜는 국민의 복지에 대한 바람을 버리고 십상시의 손아귀에서 놀아나면서 국정을 문란케 하고 민주주의를 훼손한 무능과 무책임만으로도 마땅히 물러나야 할 것이다. 송파 세 모녀와 같은 400만 빈곤층에 부정과 불법의 낙인을 씌우며 폭력을 가하고 수급권을 탈락시켜 죽음으로 내몰았던 사회. 청년이 비정규직으로 내몰리고 위험한 노동현장에서 죽음으로 내몰리는 사회. 병원비가 없어 치료받지 못하는 사회. 노인 빈곤율이 50퍼센트에 달하고 자살공화국이라고 불리는 사회. 세월호의 진실을 규명하기보다 감추고 숨기기에 급급했던 부끄러운 국가를 만든 모든 책임을 지고 물러나야 할 것이다.

그러나 실세가 누구였던들 연설문을 스스로 작성하였던들 정권이 휘두른 권력의 칼날이 달라졌을 것인가? 비리와 부패의 썩은 내가 진동하는 사회가 달라졌을 것인가? 국민이 국가로부터, 시민이 사회로부터, 노동자가 일터로부터, 민이 민주주의로부터 배제된 삶을 살아가는 사회가 아니었을 것인가? 때문에 국민의 생명이 지켜지고 사회적 안전망이 보장되는 사회를 위해 물러가야 할 것은 박근혜만이 아니다. 버스를 갈아타며 소나기가 지나가기만을 바라는 오늘의 비극을 만들었던 모든 권력도 함께 물러나야 할 것이다. 우리가 지금껏 목도하였던 위로부터 아래까지 모든 부정한 권력과 폭력이 모두 사라져야 할 것이다. 그럴 때만이 그들이 돌려놓으려 했던 역사의 시계를 바로잡을 수 있을 것이다.

이에 우리는 더 이상 막장으로 치닫는 권력의 극장에 관객으로만 남지 않을 것이다. 우리 사회복지인은 인간의 존엄성과 사회의 정의를 실현하고 평등한 국가의 주인으로서 저항할 것이다. 전국의 골목과 마을, 지역에서 가난하고 빈곤한 사람들, 권리에서 배제된 사람들, 지역 주민들을 씨줄과 날줄로 엮어 함께 저항할 것을 선언한다.

하나. 우리 사회복지인은 박근혜의 하야가 모든 부정한 권력을 척결하는 시발점으로 생각하고 박근혜의 퇴진에 함께할 것을 선언한다.

하나. 우리는 사회복지인은 박근혜 정부의 부역자들과 가난한 사람을 죽음으로 내모는 모든 권력에 맞서 투쟁할 것을 선언한다.

하나. 우리 사회복지인은 박근혜 정부가 외면했던 복지의 확대와 평등한 사회라는 국민의 열망을 실현하기 위하여 함께할 것을 선언한다.

2016년 11월 3일
전국교육대학생연합, 전국사범대학단위

지금 온 나라가 난리이다. 이른바 '최순실 게이트'라고 불리는 문제는 우리가 정녕 민주주의 국가에 살고 있는 것이 맞는지 머리를 의심하게 한다. 우리가 뽑은 것은 박근혜 대통령이었는데, 대통령 위에 비선실세라는, 대통령과 국가 전체를 쥐락펴락할 수 있는 사람이 있었다. 도저히 두고 볼 수만은 없는 총체적 민주주의의 위기를 우리는 2016년 지금 이 순간, 겪고 있다. 최근 10월 26일에는 국회에서 "박근혜 대통령 하야, 최순실 구속"을 외치던 대학생들이 10분 만에 전원 연행되는 일이 있었다. 다음 날 10월 27일 부산 벡스코를 찾은 박근혜 대통령에게 항의하려고 플래카드를 펼치려던 대학생들은 목이 꺾이고, 발을 차이며 팔을 뒤로 제지당한 채 범죄자 취급당하며 끌려가야만 했다. 불법무기를 소지한 것도, 폭력을 행사한 것도 아닌데, 구호를 외치려던 학생들의 입은 경찰에 의해 입막음당하고, 여성 연행 시 여경이 연행하는 것이 원칙임에도 이날 여대생들은 남자 경찰에 의해 끌려가야 했다.

대학생들이 무엇을 잘못했는가. 민주국가에서는 국민이 주인이다. 어떤 목소리든 간에 국민이 목소리를 내는데 입을 틀어막을 이유가 무엇이란 말인가. 지금 대한민국 국민들에게서는 "박근혜 대통령 하야, 국회에서 탄핵안 내라, 최순실 제대로 수사하라, 구속하라"는 외침이 터져 나오고 있다. 전국의 대학가에서는 이화여대 및 부산지역을 시작으로 전국적으로 시국선언의 물결이 일어나고 있다. 민주주의의 위기를 누구나 느끼고 있기 때문이다. 예비교사인 우리들에게 있어서도 지금 이 순간은 우리가 앞으로 현장에서 아이들에게 가르치기조차 민망한, 부끄러운 역사의 한 순간이다. 누군가에 의해 국가시스템 전체가 마비되고, 누군가 소수의 사람을 위해 정부가 나서서 대기업이 수백억씩 갖다 내게 하고, 부모님의 재산도 실력이라며 누군가는 불평등하게 이익을 받으며 대학을 다니고, 국민을 책임져야 할 정부는 최순실만 지키고 있는, 그야말로 민주주의가 완전히 파괴되어가는 시국이다. 최순실 씨의 국정 개입은 국가수반의 44개 연설문부터 당선 직후 비공개 회담 시나리오, 북한과 관련된 안보 기밀에 관한 것까지 전달받았으며, 청와대 민정수석실 인사 등 각종 정부 인사 추천에도 개입하는 등 국정 수행 전반에 걸쳐 깊숙이 개입한 정황이 모두 드러나고 있다. 박 대통령이 해외 순방 때마다 최 씨가 골라준 옷을 입은 상황, 미르, K스포츠재단 문제 등 나날이 드러나는 사실들에 이제는 더 이상 놀라울 것도 없다. 왜 부끄러움은 우리의 몫인가.

앞으로 현장에서 아이들에게 민주주의에 대하여 가르치고, 지금 이 순간 기록될 역사에 대해 가르쳐야 할 사람들로서, 더 이상 가만히 있지 않겠다. 우리는 한 명, 한 명 모두가 아이들을 위해 민주주의를 지켜낼 책임이 있는 예비교사들이다. 아이들이 살아갈 사회이다. 민주주의가 위협받고 있는 이 현실에 눈감고 있을 수 없다.

현 정부는 지금까지 국민의 목소리를 철저히 외면해 왔다. 교육계의 목소리 역시 마찬가지였다. 역사교과서 국정화 강행, 지방교육재정 파탄, 소규모학교 통폐합 등 현 정부가 임기 동안 소통하지 않는 교육정책을 밀어붙일 때마다 교사, 학부모, 예비교사 등 얼마나 많은 우려의 목소리와 국민적 저항에 직면해 왔는가. 이제는 들어야 할 때다. 국민의 목소리가 짓밟히는 지금의 상황을 더 이상은 묵과할 수 없다. 정상의 비정상화. 어느 것 하나 정상적으로 보일 것이 없는, 상식적이지 않은 모든 일이 상식적으로 굴러가는 지금 이 모습의 사회를 우리는 아이들에게 물려줄 수 없다. 지금 이 순간, 역사교과서에 기록될 페이지를 다시 써보려 하는, 바로 우리 예비교사의 목소리가 필요한 시점이다.

우리가 이 나라의 주인이다. 아이들에게 민주주의를 가르쳐야 할 우리들이다. 언젠가 교단에 서서 2016년을 가르쳐야 할 때, 그때 우리가 그곳에 있었노라고, 함께 민주주의를 지켰노라고, 대한민국은 민주공화국이며 대한민국의 모든 권력은 국민으로부터 나오는 거라며 살아 있는 민주주의를 가르칠 수 있도록, 지금 우리가 할 수 있는 것을 다할 것이다. 어제의 역사에 살고 있는, 교과서에 부끄럽게 기록될 정부여, 소수의 몇 사람이여, 이제 우리들 예비교사들의 목소리를 들으라.

○ 교육정책에서부터 민주주의까지 단 하나도 똑바로 책임지는 게 없는 정부! 나라 전체가 엉망이다! 박근혜 정권 규탄한다!

○ 헌법을 수호하고 국민을 지켜야 할 대통령이 비선실세와 국정농단, 우리 예비교사들은 부끄러운 역사를 가르칠 수 없다. 박근혜 대통령은 하야하라!

○ 국민이 이 나라의 주인이다! 국민들과 예비교사의 목소리를 들으라!

2016년 11월 3일
한국노동조합총연맹

봉건시대에도 있을 수 없다던 일들이 현실로 밝혀지고 있다.

국민이 직접 뽑은 대통령은 허수아비였다. 피로 쟁취한 민주주의는 어디가고 무녀의 손가락과 혀에 국가권력이 농락당했다. 대한민국이 조롱거리가 되고 국격이 끝없이 추락하고 있다. 온 국민은 이 믿기 힘든 처참한 현실 앞에 분노하고 좌절하고 있다.

그러나 국민은 위대했다.

일부 기득권 세력들은 대통령이 하야하면 거대한 혼란이 올 것처럼 호도하면서 또다시 기득권을 유지할 방법을 찾는 데 골몰하고 있지만, 국민은 이 사태를 수습하는 최선의 길은 하루라도 빨리 대통령이 퇴진하는 것이라며, 광장으로 모이고 있다.

이 부끄러운 나라를 자손에게 물려줄 수 없다고 광장으로 모이고 있다. 헬조선의 실체를 확인하고 이 나라에 정의를 세우기 위해 손에 손을 잡고 광장으로 모이고 있는 것이다.

그렇다. 국민이 옳다.

박근혜 대통령은 이미 국민이 마음에서 지워버린 대통령이다. 1분 40초짜리 녹화사과로 국민 분노에 기름을 붓더니 아직도 미련을 버리지 못하고 기습 개각으로 마지막 남은 연민마저 지워버렸다. 대통령이 아닌 박근혜의 개각을 국민이 수용할 리 만무하다.

현 정권은 헌정사상 초유의 국기문란으로 사실상 통치불능에 빠졌다. 통치능력도 없는 정권은 이 사태에 책임을 지고 물러나야 한다. 그들이 내팽개친 민주주의 가치를 회복하고, 백척간두의 위기에서 나라를 구하는 그 첫걸음이 대통령의 즉각 퇴진이다.

일부 정치권도 아직 사태파악을 못 하고 있다.

거국중립내각을 구성하거나 청와대 비서 몇 사람 잘라내고, 장관 몇 명 교체해서 해결될 문제가 아니다. 박근혜 대통령이 이번 사태의 가장 큰 몸통이다. 박근혜 대통령을 그 자리에 둔다는 것은 사상 초유의 국정농단 사태를 그냥 덮겠다는 것에 불과하다.

최순실 귀국조차 알리지 않은 검찰이다.

귀국 후 바로 체포하지 않아 입을 맞추고 증거인멸 시간을 벌어준 검찰이다. 박근혜 대통령이 퇴진하지 않고 권좌에 있는 한, 정권에 사유화된 검찰은 또다시 진실을 은폐하고 꼬리 자르기식 수사를 할 것이 불 보듯 뻔하다. 대한민국 얼굴에 먹칠하고, 온 국민을 부끄럽게 만든 박근혜 대통령은 즉각 퇴진하고 수사에 성실히 임해야 한다. 그것이 국민의 명령이다. 대통령이 스스로 내려오지 않는다면 국민의 명령을 저버린 결과가 어떠했는지는 역사가 증명하고 있다.

재벌 대기업 역시 이번 사태의 공범이다.

재벌 대기업은 K스포츠재단과 미르재단, 최순실 일가의 개인회사에 막대한 금액의 돈을 기부했고, 그 대가로 실로 막대한 것을 얻었다. 바로 '박근혜 표 노동개악'이다. 박근혜 정권이 그렇게도 노동개악을 밀어붙인 수수께끼가 풀리고 있다.

최순실이 조종한 박근혜 정권에서 노동자는 두둑한 '복채'를 상납한 재벌 대기업에게 바쳐질 '제물'이었다. 박근혜 정권이 노동자 죽이기에 혈안이 된 이유가 재벌 대기업과 최순실의 합작품이라는 사실에 끓어오르는 분노를 참을 수가 없다.

비정상인 최순실과 박근혜 정권은 비정상의 정상화를 외치며 혹세무민했다. 낙하산 인사와 정권의 실정으로 발생한 공공기관 부채 원인을 노동자의 과다 복지 때문이라 호도했다.

노동자를 쉽게 자를 수 있도록 하는 해고연봉제를 '노동개혁'이라 포장했고, 청년 일자리 창출이라는 허울 좋은 명분을 갖다 붙여 법을 초월한 2대 지침을 밀어붙였다. 필요하면 쓰고, 언제든 자를 수 있는 파견제를 일자리 창출의 도깨비방망이인 양 포장했고, 사회양극화 책임을 정규직 노동자에게 전가했다. 병원과 공공기관 민영화를 강행하고 국민의 생명과 사회 공공성마저 재벌의 돈벌이 수단으로 전락시켰다.

반도체 공장에서 노동자가 백혈병으로 죽어가고, 메틸알코올에 시력을 잃을 때도, 조선소 하청 노동자가 목숨을 건 노동을 하고 있을 때도 그들은 수백억의 기부와 그 대가에 주판알을 튕기고 있었다.

어버이연합에 자금을 지원해 여론을 조작하고, 최순실이 실세임을 미리 파악하고 그 일가에 '투자'한 전경련과 재벌은 결코 피해자가 아니다. 결국, 이 모든 사태는 박근혜 대통령과 최순실, 전경련과 여당의 합동작품이다. 이제 모든 정황이 만천하에 드러났다. 대통령이 자신의 거취에 연연할 경우

그로 인한 경제 불확실성으로 노동자 민중 생존권은 파탄 날 것이다. 국격 추락으로 정상적 외교가 불가능해 질 것이다. 일말의 양심이 있다면 지금 당장 자리에서 내려오는 것이 국민에 대한 마지막 예의임을 명심하기 바란다. 대통령을 조종해 국가권력을 마음대로 주무른 최순실의 범죄행위는 부관참시해도 속이 풀리지 않을 만큼 크다. 특검을 통한 철저한 수사로 모든 것을 밝히고 그 죗값을 반드시 물어야 한다. 그것이 국민의 참담한 마음을 조금이라도 위로하고 치유하는 유일한 방법이다.

그리고 이 모든 과정에 편승해 사욕만을 추구한 암적 존재이자 사회발전의 걸림돌인 재벌과 전경련은 반드시 해체하고 경제민주화의 단초를 만들어야 한다.

그동안 박근혜 대통령을 에워싸고 호가호위하고 두둔했던 새누리당과 일부 보수언론도 예외가 아니다. 침몰하는 배에서 뛰어내려도, 노쇠한 말을 버리고 새로운 말을 갈아타도, 그 죄는 사라지지 않는다.

우리 국민은 너무도 질기게 참고 살아왔다. 국민을 개돼지로 생각한 저들에게 이제 국민의 무서운 힘을 직접 보여 줄 때가 왔다. 박근혜-최순실 게이트의 몸통과 하수인들을 모두 도려내고 새로운 정치와 새로운 경제체제를 만들어야 한다.

한국노총은 박근혜 퇴진으로 2대 지침과 노동법개악으로 대표되는 '노동자 죽이기' 노동정책을 끝장낼 것이다. 노동정책을 '노동자 살리기'로 전환해, 내수를 북돋우는 것이 경제위기 극복의 유일한 대안이다.

이런 참담한 국정농단에도 대통령을 퇴진시키지 못한다면 또 하나의 부끄러운 역사로 남게 될 것이다.

한국노총은 우리나라 최대의 민주적 대중조직으로서 박근혜 퇴진 최선두에 서려 한다. 100만 한국노총 조합원의 마음을 모아 박근혜 퇴진이라는 위대한 역사를 반드시 만들어 낼 것이다.

박근혜 퇴진에 뜻을 함께하는 제 세력과 힘을 합쳐 온 국민 마음속 비통함과 좌절감을 희망으로 바꿔내는 길에 함께할 것이다.

2016년 11월 4일
공무원·교사 시국선언 참가자 42213인

국민을 배신하고 국정을 파탄 낸 박근혜 정권 퇴진하라!

우리 공무원·교사들은 국가권력의 폭패과 횡포, 헌정을 유린한 전대미문의 국정농단 사태를 목도하며 더 이상 침묵할 수 없어 시대의 한복판에 나선다. 정권은 부패한 권력을 유지하고 자본의 끝 모를 탐욕을 채워주기 위해 공무원과 교사를 마름으로 부리며 충성만을 강요해왔지만, 우리는 불의한 정권의 편에 서기를 단호히 거부한다.

정권의 배후에 비선 실세가 있고 이들에 의해 국가 중요 정보가 독점 유통되고 국정이 좌우되었다는 놀라운 '비정상'의 실체가 드러나고 있다. 국민들에게 고통을 불러온 반민생·반민주·반노동 정책들의 배후에 나라를 사유화한 세력이 은밀하게 도사리고 있었던 것이다. 왕정국가나 신정국가라면 모를까, 민주공화국의 상식으로는 도저히 용납할 수 없는 국정농단이자 국기문란이다. 하지만 박근혜 대통령은 녹화방송을 통한 거짓과 기만의 엉터리 사과로 국민을 끝까지 우롱하며 스스로 몰락의 길을 선택하였다.

현 정권이 그동안 벌인 패악만으로도 대통령이 퇴진해야 할 사유는 충분했다. 세월호와 함께 304명이 수장될 때 그 어디에도 국가는 없었다. 부당해고에 노동자가 죽음으로 항의해도, 공공부문 외주화로 밥 먹을 틈도 없이 노동해야 했던 비정규직 청년이 홀로 죽음의 일터에서 숨져도 노동자에 대한 공격은 멈추지 않았다. 세월호 특별조사위원회 활동을 집요하게 방해하다 강제 종료시키고, 노동개악 추진으로 비정규직 확대에 골몰하는 정부에게 죽음들이 남긴 피맺힌 교훈은 아무 의미가 없었다. 쌀값 보장 약속을 지켜달라는 백남기 농민에게 물대포로 사격하여 죽음으로 몰더니, 사과는커녕 사인을 조작하고 부검으로 두 번 죽이려 한다.

그야말로 나라 꼴이 엉망이요, 총체적인 파국이다. 기업의 부당 축적 자금과 가계 부채가 늘어만 가고 극한 빈부격차로 민중의 삶이 한계에 달해도 해법 하나 내놓지 않는 정부는, 경제 파탄의 책임을 엉뚱하게도 노동자들에게 전가하고 있다. 성과연봉제·퇴출제를 공공부문부터 도입하여 모든 노동을 성과와 경쟁으로 통제하고, 자본과 한통속이 되어 노동조합 탄압과 파괴에 나서는 게 이 나라 정부다. 국민 삶의 질과 안전에 직결된 교육·의료·전기·가스·물·철도 등 공공부문마저 민영화해 자본의 먹잇감으로 넘기고 정부는 뒷짐 지겠다고 한다.

아이들을 학대하는 경쟁교육을 외려 강화하고, 교육예산을 확충하기는커녕 돈장난질로 지방교육자치 길들이기에 혈안이 된 정부는, 급기야 왜곡된 역사를 미래세대에 주입하는 국정교과서를 만듦으로써 교육을 아예 정치권력의 시종으로 전락시켰다. 이 모든 국정 파탄에 항의하는 민중총궐기에 대해서는 노동자를 대표하는 한상균 위원장을 옥에 가두는 등 가혹한 복수극을 벌였고, 사회공공성 수호를 위해 떨쳐 일어난 공공부문 총파업에 묵묵부답인 채 최장기 파업 중인 철도노조를 불법으로 탄압하니, 이 정권이 사회에 끼치는 해악은 끝을 모른다. 이뿐인가? 외교 실패로 한반도 평화의 기운을 소진시키고 사드를 들임으로써 전쟁위기를 고조시켜 국민 전체의 생명과 안전을 위협하고 있다.

정당성을 결여한 정권은 공무원·교사에게 정권의 충복이 되라고 노골적으로 강요하고 있다. 공무원노조와 전교조를 법외노조로 옭아매고 노동자의 권리와 표현의 자유를 징계로 위협하면서 성과급-교원평가 강화와 성과퇴출제 도입을 강행하는 이유는 그저 말 잘 듣고 맹목적으로 충성하는 공직사회가 부패정권에게 절실히 필요하기 때문이다. 그러나 우리에게 시민의식이 살아 있는 한 정권의 음험한 의도는 결코 관철될 수 없다.

헌법이 유린되고 나라가 총체적 위기에 빠진 현실에서 교사·공무원이 걸어갈 길은 자명하다. 국가권력의 횡포를 멈추게 하고 교육과 행정의 공공성을 지켜내는 것, 이것이 시대로부터 수임한 우리의 사명이다. 이에 입각하여 우리는 작금의 혼란한 시국을 수습하는 유일한 방안으로서, 박근혜 대통령의 퇴진과 현 정권의 해체를 강력히 요구한다.

우리는 작년 민중총궐기의 정신과 올해 노동자 총파업의 기세로 연대의 깃발을 높이 들고 11월 12일 민중총궐기에 참여할 것이며, 국민을 배신하고 능멸하는 불의한 정권에 맞서 국민과 함께 싸울 것이다. 대한민국의 민주주의를 살리고 국민 모두가 존중받는 사회를 만드는 길에 결연히 나설 것을 역사 앞에 약속한다. 우리는 민주공화국의 공무원·교사들이기 때문이다.